시 경

김봉윤역

風

홍익출판사

• • 머리말 • •

나는 오랫동안 시경(詩經)을 읽어오면서 틈틈이 번역도 해보곤 하면서 노트해 놓았던 것을 어쩌다가 그만 그 노트를 잃어버렸다. 그리고 10여 년이 지난 뒤 어느 모임에서 시(詩)를 이야기하다가 시경이야기를 하게 되었는데 젊은 세대들은 시경에 대해서 전혀 알지를 못했다. 그래서 나는 시경은 세계에서 가장 오래된 중국의 고대 시가집으로 우리 할아버지 대까지만 하더라도 외우다시피한 책이다. 그리고 '동양문화의 성전(聖典)이자 동양시가의 정신적 원류(源流)이다'라고 이야기해도 그들은 별 관심이 없는 듯 그냥 나를 멀뚱멀뚱 쳐다보기만 할 뿐이었다. 그래서 나는 시경이 비록 중국의 고대 시가집이지만 우리 민족이 수천 년 동안 애송해 왔고 아직까지도 우리의 가락속이나 아이들의 유희노래 속에도 배어있다고 이야기하자 그들은 조금 궁금한 듯 어떤 게 있느냐고 물었다. 나는 적절한 예가 될지는 모르겠으나 예를 들면 우리가 어릴 때 두 패로 나누어 함께 손잡고 발을 굴리며 "우리 집에 왜 왔니 왜 왔니" "꽃 찾으러 왔단다 왔단다" 하면서 부르던 노래나 70년대 새로운 음악의 장을 열었다는 우리나라 모던 포크송의 효시 한대수의 '물 좀 주소'라는 노래를 음미해 보면 시경의 음보체계를 닮아 있는 것 같고 고려가사 '가시리', 정철의 '사미인곡', 김소월의 '풀따기' 같은 시(詩)나 가사(歌辭)도 음보나 체재는 넓은 의미에서 다 시경의 음보나 체재에 속한다고 하자 그들은 그제야 고개를 끄떡였다.

요즈음의 젊은 세대들에게는 다소 생소하게 느껴지는 책이라 할지라도 우리들의 시가(詩歌)속에 자연스레 녹아 있는 시경을 나는 오늘날 말투에 맞게 다시 번역해 보기로 했다.

시경은 앞서 이야기했듯이 중국의 고대 시가집으로 그것이 만들어진 시기는 주(周)나라 초기(B.C. 1110년 전후)부터 춘추시대 중기(B.C. 620년 전후)까지 쓰여 진 작품을 모아 놓은 것이다. 시경에는 모두 305편의 시(詩)가 수록되어 있는데 크게 풍(風), 아(雅), 송(頌)으로 나눈다. 풍(風)에는 주남(周南), 소남(召南), 패(邶), 용(鄘), 위(衛), 왕(王), 정(鄭), 제(齊), 위(魏), 당(唐), 진(秦), 진(陣), 회(檜), 조(曹), 빈(豳)의 15개국 시가(詩歌)가 실려 있어 흔히 국풍(國風)이라고도 한다. 풍(風)에 수록된 작품 수는 160편으로 남녀 간의 사랑을 다룬 시(詩)가 가장 많고 그 밖에 축송(祝頌), 정역(征役), 풍자(諷刺), 생활고(生活苦)를 다룬 시 등으로 이루어져 있다. 그리고 아(雅)는 소아(小雅) 80편 대아(大雅) 31편으로 구성되어 있는데 소아(小雅) 6편은 편명만 있고 가사가 없어 사실은 105편인 셈이다. 아(雅)는 궁중에서 사용하던 음악의 가사고, 나머지 송(頌)은 40편으로 종묘에서 제사 지낼 때 연주하던 음악의 가사라고 한다.

여기서는 삶과 사랑에 대해서 진솔하게 노래한 국풍 160편만 번역하기로 하고 기존의 번역서나 주석서를 참고하여 번역해 보았다 그러나 마치고 보니 미진한 곳이 한두 군데가 아닌 듯하다. 시경은 워낙 오래된 노랫말이라 예로부터 수많은 학자들이 자구해석이나 주석에 심혈을 기울어왔으나 아직까지도 명쾌하지 못한 부분들이 많다. 주자(朱子)의 시경집전(詩經集傳)에도 뜻이 미상이라는 곳이 여러 차례 나온다. 대학자도 이러하거늘 나같이 천학비재(淺學菲才)한 자가 무엇을 더 말할 나위가 있겠는가? 솔직히 번역 상 잘못된 부분도 많으리라고 본다. 이 점에 대해서는 독자제현(讀者諸賢)의 질정을 바랄 뿐이다.

2012년 5월

김 봉 윤

차 례

왕 王

정 鄭

제 齊 ······ 145

주 남 周南

關 雎　　징경이 우네

關關雎鳩	구욱구욱 징경이
在河之洲	황하 섬에 있네
窈窕淑女	아리따운 아가씨
君子好逑	군자의 좋은 짝
參差荇菜	들쭉날쭉 마름풀
左右流之	이리저리 찾고
窈窕淑女	아리따운 아가씨
寤寐求之	자나 깨나 찾네
求之不得	찾아도 찾지 못하여
寤寐思服	자나 깨나 생각하다
悠哉悠哉	그리워 그리워
輾轉反側	이리 뒤척 저리 뒤척
參差荇菜	들쭉날쭉 마름풀
左右采之	이리저리 뜯고
窈窕淑女	아리따운 아가씨
琴瑟友之	금슬처럼 벗하고
參差荇菜	들쭉날쭉 마름풀
左右芼之	이리저리 뽑고
窈窕淑女	아리따운 아가씨
鍾鼓樂之	종북같이 즐기리라

아리따운 아가씨를 그리며 노래한 시

≪독자들의 이해를 돕기 위해 간단한 해설을 붙여 보았다. 대부분 일반적인 해설을 따랐지만 주석서마다 해설이 다르거나 분명하지 않은 것 또는 대체로 이해하기 쉬운 것은 그대로 두었다.≫

葛 覃　　　칡덩굴

葛之覃兮	칡덩굴 길게
施于中谷	산골짝기로 뻗었네
維葉萋萋	잎도 우거지고 우거지니
黃鳥于飛	꾀꼬리 날아와
集于灌木	떨기나무에 앉아
其鳴喈喈	꾀꼴꾀꼴

葛之覃兮	칡덩굴 길게
施于中谷	산골짝기로 뻗었네
維葉莫莫	잎도 빽빽하고 빽빽하니
是刈是濩	이를 베어다 삶아
爲絺爲綌	가는 칡베 굵은 칡베 짜
服之無斁	옷 만들어 입으니 싫지가 않네

言告師氏	보모께 말씀드리자
言告言歸	친정 다녀오겠다고
薄污我私	평복도 빨고
薄澣我衣	나들이옷도 빨자
害澣害否	어느 건 빨고 어느 건 안 빨 건가
歸寧父母	친정 부모님 뵈러 가는 데

근친(覲親. 시집간 딸이 친정에 와서 친정 어버이를 뵘)을 앞두고 노래한 시

卷耳　도꼬마리

采采卷耳	캐도 캐도 도꼬마리
不盈頃筐	소쿠리에 차지 않네
嗟我懷人	아 님 생각하다
寘彼周行	소쿠리 큰 길에 버려두었네
陟彼崔嵬	높고 높은 곳 올라가니
我馬虺隤	말이 헐떡헐떡
我姑酌彼金罍	잠시 청동 술독 술을 따라
維以不永懷	긴긴 회포 풀어나 볼까
陟彼高岡	높은 산등성이 올라가니
我馬玄黃	말이 허덕허덕
我姑酌彼兕觥	잠시 외뿔소 잔에 술을 따라
維以不永傷	긴긴 쓰라림 달래나 볼까
陟彼砠矣	돌산에 올라가니
我馬瘏矣	말이 끙끙
我馬痡矣	마부도 끙끙
云何吁矣	아 어찌해야 하나

사랑하는 사람을 그리워하며 노래한 시

樛 木　　휘어진 나무

南有樛木	남쪽 휘어진 나무
葛藟纍之	칡덩굴 얽혔네
樂只君子	즐거우신 서방님
福履綏之	복록에 편안하네
南有樛木	남쪽 휘어진 나무
葛藟荒之	칡덩굴 덮혔네
樂只君子	즐거우신 서방님
福履將之	복록이 받쳐주네
南有樛木	남쪽 휘어진 나무
葛藟縈之	칡덩굴 감겼네
樂之君子	즐거우신 서방님
福履成之	복록을 지니셨네

남편의 복(福)을 칭송한 시

螽斯　메뚜기

螽斯羽　메뚜기 날개
詵詵兮　많기도 많네
宜爾子孫　그대 자손들도
振振兮　번성하기를

螽斯羽　메뚜기 날개
薨薨兮　떼 지어 나네
宜爾子孫　그대 자손들도
繩繩兮　끊임없기를

螽斯羽　메뚜기 날개
揖揖兮　모이여 있네
宜爾子孫　그대 자손들도
蟄蟄兮　사이좋기를

桃 夭　　　싱싱한 복숭아나무

桃之夭夭	싱싱한 복숭아나무
灼灼其華	꽃이 활짝 피었네
之子于歸	아가씨 시집가면
宜其室家	그 가정 화목하리라
桃之夭夭	싱싱한 복숭아나무
有蕡其實	복숭아 많이도 열렸네
之子于歸	아가씨 시집가면
宜其家室	그 가족 화목하리라
桃之夭夭	싱싱한 복숭아나무
其葉蓁蓁	잎사귀 우거지고 우거졌네
之子于歸	아가씨 시집가면
宜其家人	그 집안 화목하리라

시집가는 아가씨를 축하하는 노래

兎罝　　토끼그물

肅肅兎罝	가지런한 토끼그물
椓之丁丁	쩡쩡 말뚝 박는 소리
赳赳武夫	씩씩하고 힘센 사나이
公侯干城	나라님 간성

肅肅兎罝	가지런한 토끼그물
施于中逵	길 가운데 처져 있네
赳赳武夫	씩씩하고 힘센 사나이
公侯好仇	나라님 좋은 짝

肅肅兎罝	가지런한 토끼그물
施于中林	숲 가운데 처져 있네
赳赳武夫	씩씩하고 힘센 사나이
公侯腹心	나라님 심복

芣 苢　　　질경이

采采芣苢	캐세 캐세 질경이
薄言采之	에헤야 캐어보세
采采芣苢	캐세 캐세 질경이
薄言有之	에헤야 캐어보세
采采芣苢	캐세 캐세 질경이
薄言掇之	에헤야 주어보세
采采芣苢	캐세 캐세 질경이
薄言捋之	에헤야 뽑아보세
采采芣苢	캐세 캐세 질경이
薄言袺之	에헤야 옷섶 잡고
采采芣苢	캐세 캐세 질경이
薄言襭之	에헤야 옷자락 걷고

나물 캐면서 부른 노래

漢廣　　한수는 넓어

南有喬木	남쪽에 우뚝 솟은 나무 있어도
不可休息	쉴 수 없고
漢有遊女	한수에 아가씨들 놀고 있지만
不可求思	구할 수 없네
漢之廣矣	한수는 넓어
不可泳思	헤엄쳐 갈 수 없고
江之永矣	강은 길어
不可方思	뗏목으로도 건널 수 없네

翹翹錯薪	우뚝우뚝한 잡목
言刈其楚	휘추리 베어다
之子于歸	아가씨 시집오면
言秣其馬	말꼴도 먹이련만
漢之廣矣	한수는 넓어
不可泳思	헤엄쳐 갈 수 없고
江之永矣	강은 길어
不可方思	뗏목으로도 건널 수 없네

翹翹錯薪　우뚝우뚝한 잡목
言刈其蔞　물쑥 베어다
之子于歸　아가씨 시집오면
言秣其駒　망아지 꼴도 먹이련만
漢之廣矣　한수는 넓어
不可泳思　헤엄쳐 갈 수 없고
江之永矣　강은 길어
不可方思　뗏목으로도 건널 수 없네

아가씨를 그리며 노래한 시

汝墳　　여수 둑

遵彼汝墳	여수 둑 따라
伐其條枚	가지줄기 자르다
未見君子	서방님 뵈지 않으니
惄如調飢	허출한 것이 아침을 굶은 듯
遵彼汝墳	여수 둑 따라
伐其條肄	움돋은 가지 자르다
旣見君子	서방님 뵈오니
不我遐棄	영영 버리지는 않으셨네
魴魚赬尾	방어 꼬리 붉어지듯
王室如燬	왕실이 타는 듯해도
雖則如燬	비록 타는 듯해도
父母孔邇	부모님이 더 가까이 계십니다

부역 갔다 돌아온 남편을 반기며 노래한 시

麟之趾 기린의 발

麟之趾	기린의 발
振振公子	어질고 너그러우신 나라님 아들
于嗟麟兮	아아 기린이로다
麟之定	기린의 이마
振振公姓	어질고 너그러우신 나라님 자손
于嗟麟兮	아아 기린이로다
麟之角	기린의 뿔
振振公族	어질고 너그러우신 나라님 일가
于嗟麟兮	아아 기린이로다

나라님의 집안을 기린 시

소 남 召南

까치집 鵲巢

흰 쑥을 뜯으세 采蘩

풀벌레 草蟲

개구리밥 뜯으세 采蘋

팥배나무 甘棠

이슬길 行露

새끼 양 羔羊

우르르 천둥소리 殷其雷

매화나무를 터니 摽有梅

작은 별 小星

강은 갈라졌다 도로 합해지는데 江有汜

들에 죽은 노루 野有死麕

어쩌면 저리 활짝 피었나 何彼襛矣

추 우 騶虞

鵲 巢　　　까치집

維鵲維巢　　까치집
維鳩居之　　비둘기 사네
之子于歸　　아가씨 시집가니
百兩御之　　많은 수레 마중하네

維鵲維巢　　까치집
維鳩方之　　비둘기 사네
之子于歸　　아가씨 시집가니
百兩將之　　많은 수레 배웅하네

維鵲維巢　　까치집
維鳩盈之　　비둘기 사네
之子于歸　　아가씨 시집가니
百兩成之　　많은 수레 북적대네

采 蘩 　　흰 쑥을 뜯으세

于以采蘩	흰 쑥을 뜯으세
于沼于沚	못에서 물가에서
于以用之	쓰는 건
公侯之事	나라님 일
于以采蘩	흰 쑥을 뜯으세
于澗之中	시내 가운데서
于以用之	쓰는 건
公侯之宮	나라님 집
被之僮僮	조심조심 머리 매만지고
夙夜在公	이른 아침부터 밤늦도록 공소에 있다가
被之祁祁	조용조용 머리 매만지고
薄言還歸	돌아간다네

草蟲　　풀벌레

喓喓草蟲　찌르륵찌르륵 풀벌레
趯趯阜螽　폴짝대는 메뚜기
未見君子　서방님 뵈지 않으니
憂心忡忡　시름만 쌓이다
亦旣見止　뵈오니
亦旣覯止　만나니
我心則降　내 마음 가라앉네

陟彼南山　남산 올라가
言采其蕨　고사리 뜯어도
未見君子　서방님 뵈지 않으니
憂心惙惙　시름만 깊어지다
亦旣見止　뵈오니
亦旣覯止　만나니
我心則說　내 마음 기뻐지네

陟彼南山　남산 올라가
言采其薇　고비 뜯어도
未見君子　서방님 뵈지 않으니
我心傷悲　가슴 아리고 슬프다
亦旣見止　뵈오니
亦旣覯止　만나니
我心則夷　내 마음 편해지네

采蘋　　개구리밥 뜯으세

于以采蘋	개구리밥 뜯으세
南澗之濱	남쪽 산골 시냇가에서
于以采藻	마름풀 뜯으세
于彼行潦	길가 도랑에서
于以盛之	담기는
維筐及筥	모진 광주리 둥근 광주리
于以湘之	삶기는
維錡及釜	세발솥 가마솥
于以奠之	올릴 곳은
宗室牖下	종실 창문아래
誰其尸之	누가 맡나
有齊季女	재계한 막내 딸

甘 棠 팥배나무

蔽芾甘棠 더부룩한 팥배나무
勿翦勿伐 자르지도 말고 베지도 말아라
召伯所茇 소백께서 거처하시던 곳이니

蔽芾甘棠 더부룩한 팥배나무
勿翦勿敗 자르지도 말고 꺾지도 말아라
召伯所憩 소백께서 쉬어가시던 곳이니

蔽芾甘棠 더부룩한 팥배나무
勿翦勿拜 자르지도 말고 휘지도 말아라
召伯所說 소백께서 머무르시던 곳이니

소공(召公)을 기린 시

行 露　　이슬길

厭浥行露　촉촉한 이슬길
豈不夙夜　어찌 이른 아침 늦은 밤이라고 마다하랴
謂行多露　길에 이슬이 많다고 하지만

誰謂雀無角　누가 참새에게 뿔이 없다고 했나
何以穿我屋　무엇으로 지붕 뚫어
誰謂女無家　누가 당신에게 집이 없다고 했나
何以速我獄　왜 옥사에 불러내
雖速我獄　비록 옥사에 불러내도
室家不足　가정 이룰 순 없어

誰謂鼠無牙　누가 쥐에게 어금니가 없다고 했나
何以穿我墉　무엇으로 담 뚫어
誰謂女無家　누가 당신에게 집이 없다고 했나
何以速我訟　왜 송사에 불어내
雖速我訟　비록 송사에 불러내도
亦不女從　당신 따를 순 없어

羔羊　새끼 양

羔羊之皮	새끼 양 털가죽
素絲五紽	흰 실 다섯 줄
退食自公	밥 먹으러 공소에서 물러나올 때도
委蛇委蛇	의젓하고 의젓해
羔羊之革	새끼 양 날가죽
素絲五緎	흰 실 다섯 겹
委蛇委蛇	의젓하고 의젓해
自公退食	공소에서 밥 먹으러 물러나올 때도
羔羊之縫	새끼 양 갖옷솔기
素絲五總	흰 실 다섯 군데
委蛇委蛇	의젓하고 의젓해
退食自公	밥 먹으러 공소에서 물러나올 때도

관리의 의젓한 모습을 노래한 시

殷其靁　　우르르 천둥소리

殷其靁　　우르르 천둥소리
在南山之陽　　남산 남쪽에서 울리네
何斯違斯　　어떻게 가시고는
莫敢或遑　　틈도 없으신지
振振君子　　어질고 너그러우신 서방님
歸哉歸哉　　돌아오셔요 돌아오셔요

殷其靁　　우르르 천둥소리
在南山之側　　남산 곁에서 울리네
何斯違斯　　어떻게 가시고는
莫敢遑息　　쉴 틈도 없으신지
振振君子　　어질고 너그러우신 서방님
歸哉歸哉　　돌아오셔요 돌아오셔요

殷其靁　　우르르 천둥소리
在南山之下　　남산 아래에서 울리네
何斯違斯　　어떻게 가시고는
莫敢遑處　　머무실 틈도 없으신지
振振君子　　어질고 너그러우신 서방님
歸哉歸哉　　돌아오셔요 돌아오셔요

부역 간 남편을 그리워하며 노래한 시

摽有梅　　매화나무를 털어

摽有梅	매화나무를 터니
其實七兮	매실이 일곱 개네
求我庶士	나를 맞을 뭇 선비님
迨其吉兮	좋은 날 오시려나

摽有梅	매화나무를 터니
其實三兮	매실이 세 개네
求我庶士	나를 맞을 뭇 선비님
迨其今兮	오늘에야 오시려나

摽有梅	매화나무를 털어
頃筐塈之	매실을 소쿠리에 담네
求我庶士	나를 맞을 뭇 선비님
迨其謂之	얘기라도 해주지

혼기(婚期)를 놓친 처녀의 노래

小 星　　작은 별

嘒彼小星	반짝이는 작은 별
三五在東	서너 댓 개 동쪽에 있네
肅肅宵征	바삐 밤길 가서
夙夜在公	이른 아침부터 밤늦도록 공소에 있으니
寔命不同	참으로 팔자가 같지 않구나

嘒彼小星	반짝이는 작은 별
維參與昴	삼성과 묘성
肅肅宵征	바삐 밤길 가서
抱衾與裯	이불과 홑이불 껴안으니
寔命不猶	참으로 팔자가 같지 않구나

관리의 고초를 노래한 시

江有汜　　강은 갈라졌다 도로 합해지는데

江有汜　　강은 갈라졌다 도로 합해지는데
之子歸　　아가씨 시집가네
不我以　　나를 마다하고
不我以　　나를 마다하고
其後也悔　　뒤에는 뉘우치게 될 걸

江有渚　　강에는 모래섬이 있는데
之子歸　　아가씨 시집가네
不我與　　나와 함께하지 않고
不我與　　나와 함께하지 않고
其後也處　　뒤에는 함께 살게 될 걸

江有沱　　강은 갈라져 흘러가고
之子歸　　아가씨 시집가네
不我過　　내게 들리지도 않고
不我過　　내게 들리지도 않고
其嘯也歌　　울부짖다 노래 부르네

자기를 버리고 시집가는 아가씨에 대한 야속한 마음을 노래한 시

野有死麕 들에 죽은 노루

野有死麕	들에 죽은 노루
白茅包之	흰 띠 풀로 싸가지고
有女懷春	봄 타는 아가씨를
吉士誘之	잘 생긴 사내가 꾀네
林有樸樕	숲속 더부룩한 덤불
野有死鹿	들에 죽은 사슴
白茅純束	흰 띠 풀로 묶어서
有女如玉	아름다운 아가씨에게 주네
舒而脫脫兮	천천히 가만가만
無感我帨兮	허리 수건 건드리지 말고요
無使尨也吠	삽살개 짖으면 안돼요

사내가 여자를 유혹하여 함께 사랑을 나누는 노래

何彼襛矣　　어쩌면 저리 활짝 피었나

何彼襛矣　　어쩌면 저리 활짝 피었나
棠棣之華　　산앵도나무 꽃
曷不肅雝　　어찌 의젓하고 좋아 보이지 않으랴
王姬之車　　공주님 수레인데

何彼襛矣　　어쩌면 저리 활짝 피었나
華如桃李　　복사꽃 오얏꽃
平王之孫　　평왕의 손녀
齊侯之子　　제후의 아들일세

其釣維何　　고기를 낚으려면 어떻게
維絲伊緡　　실로 낚싯줄을 만들어야지
齊侯之子　　제후의 아들
平王之孫　　평왕의 손녀일세

공주의 결혼을 축하하는 시

騶虞　　추우

彼茁者葭	뾰족뾰족 돋아난 갈대
壹發五豝	한 발에 다섯 마리 암퇘지
于嗟乎騶虞	아아 추우여!
彼茁者蓬	뾰족뾰족 돋아난 쑥
壹發五豵	한 발에 다섯 마리 돼지새끼
于嗟乎騶虞	아아 추우여!

사냥하는 군주를 노래한 시

패 邶

柏 舟　　　잣나무 배

汎彼柏舟　　둥실둥실 잣나무 배
亦汎其流　　두둥실 떠가네
耿耿不寐　　마음 편치 않아 잠 못 이루는 건
如有隱憂　　속 걱정 때문
微我無酒　　나에게 술이 없는 것도 아니고
以敖以遊　　놀 수도 있지만

我心匪鑒　　내 마음 거울이 아니니
不可以茹　　들어다 볼 수 없고
亦有兄弟　　형제가 있지만
不可以據　　의지할 수 없네
薄言往愬　　가서 하소연해 봤자
逢彼之怒　　그들의 노여움만 살 걸

我心匪石　　내 마음 돌이 아니니
不可轉也　　굴릴 수 없고
我心匪席　　내 마음 멍석이 아니니
不可卷也　　말 수 없네
威儀棣棣　　몸가짐도 의젓하여
不可選也　　가릴 것 없는데

憂心悄悄　　걱정하고 속 끓여 봤자
慍于群小　　뭇 것들 부루퉁해 하고
覯閔旣多　　쓰라린 일도 많이 겪었지만
受侮不少　　업심 당한 것도 적지가 않았지
靜言思之　　곰곰이 생각하니
寤辟有摽　　잠 깨 가슴만 두근두근

日居月諸　　해야 달아
胡迭而微　　어찌 번갈아 이지러지느냐
心之憂矣　　마음의 시름이여
如匪澣衣　　빨지 않은 옷 같구나
靜言思之　　곰곰이 생각해도
不能奮飛　　훨훨 날 수가 없으니…

남편에게 소박맞은 부인의 시

綠衣　　초록 저고리

綠兮衣兮　　초록 저고리라니
綠衣黃裏　　초록 저고리에 노란 안감
心之憂矣　　마음의 시름이여
曷維其已　　어느 때 그치려나

綠兮衣兮　　초록 저고리라니
綠衣黃裳　　초록 저고리에 노란 치마
心之憂矣　　마음의 시름이여
曷維其亡　　어느 때 없어지려나

綠兮絲兮　　초록 실
女所治兮　　당신이 물들인 것
我思古人　　나는 옛 사람 생각하며
俾無訧兮　　허물이나 없기를

絺兮綌兮　　고운 베 옷 거친 베 옷
凄其以風　　바람 차가워도
我思古人　　나는 옛 사람 생각하며
實獲我心　　마음 잡네

첩에게 밀려난 정실부인이 자신의 마음을 달래기 위해 노래한 시

燕燕　제비

燕燕于飛　제비들이 날며
差池其羽　앞서거니 뒤서거니
之子于歸　아가씨 시집가니
遠送于野　멀리 들에서 보내고
瞻望弗及　바라보고 바라보다 보이지 않자
泣涕如雨　눈물이 비 오듯

燕燕于飛　제비들이 날며
頡之頏之　날아올랐다 내려왔다
之子于歸　아가씨 시집가니
遠于將之　멀리서 보내고
瞻望弗及　바라보고 바라보다 보이지 않자
佇立以泣　우두커니 서서 눈물만 뚝뚝

燕燕于飛　제비들이 날며
上下其音　위아래서 지저귀네
之子于歸　아가씨 시집가니
遠送于南　멀리 남쪽에서 보내고
瞻望弗及　바라보고 바라보다 보이지 않자
實勞我心　마음 괴로워

仲氏任只　　둘째지만 믿음직하고
其心塞淵　　마음도 참으로 깊었지
終溫且惠　　따뜻하고 사랑스럽고
淑愼其身　　몸가짐도 매우 조신했었지
先君之思　　돌아가신 아버지 생각하라며
以勗寡人　　나에게 힘도 북돋우곤 했었지

통설은 누이동생이 시집갈 때 오빠가 전송하며 노래한 시라고 하나, 사랑하던 아가씨가 시집가는 걸 멀리서 지켜보는 떠꺼머리총각의 노래가 아닌지

日 月　　해와 달

日居月諸　해와 달은
照臨下土　세상을 비추고 있건만
乃如之人兮　이 사람은
逝不古處　옛날 같지가 않네요
胡能有定　어찌하면 마음잡을 수가 있을까요
寧不我顧　돌아보지도 않는데

日居月諸　해와 달은
下土是冒　세상을 비추고 있건만
乃如之人兮　이 사람은
逝不相好　좋아하지도 않네요
胡能有定　어찌하면 마음잡을 수가 있을까요
寧不我報　대답조차 않는데

日居月諸　해와 달은
出自東方　동녘에서 뜨고 있건만
乃如之人兮　이 사람은
德音無良　말소리도 점잖지 않네요
胡能有定　어찌하면 마음잡을 수가 있을까요
俾也可忘　잊을 수 있다고 하는데

日居月諸	해와 달은
東方自出	동녘에서 솟아오르건만
父兮母兮	아버지 어머니
畜我不卒	나를 받아들이고 끝나지 않게
胡能有定	어찌하면 마음잡을 수가 있을까요
報我不述	대꾸조차 않는데

사랑이 식어버린 남편을 원망하며 노래한 시

終風　　바람 불더니

終風且暴　　바람 불더니 사납게 몰아치네
顧我則笑　　돌아보며 희죽 희죽
謔浪笑敖　　농 짓거리 거만한 웃음
中心是悼　　마음 속 슬퍼지기만

終風且霾　　바람 불더니 흙비까지 오네
惠然肯來　　사랑한다며 즐겨 오더니
莫往莫來　　오도 가도 않네
悠悠我思　　아득하고 아득한 그리움이여

終風且曀　　바람 불더니 날마저 흐리네
不日有曀　　하루가 멀다 않고 흐리니
寤言不寐　　잠 깨면 잠 못 이루고
願言則嚏　　생각하니 재치기만

曀曀其陰　　날 흐리더니 어두워지네
虺虺其雷　　우르릉우르릉 천둥소리
寤言不寐　　잠 깨면 잠 못 이루고
願言則懷　　생각하니 그리움만

마음 변한 사내를 원망하며 노래한 시

擊 鼓　　북소리

擊鼓其鏜	북소리 둥둥
踊躍用兵	뛰면서 병술 익히네
土國城漕	서울 흙 쌓기 조읍 성 쌓기
我獨南行	나 홀로 남쪽으로 가네
從孫子仲	손자중 장군 따라
平陳與宋	진나라 송나라 평정하고도
不我以歸	돌아가지 못하니
憂心有忡	시름만 깊어
爰居爰處	여기저기 머물다
爰喪其馬	말조차 잃어버리고
于以求之	말 찾아
于林之下	숲속 헤매기도 했었지
死生契闊	죽은 지 살았는지 만나지 못하니
與子成說	당신과 약속한 말
執子之手	당신 손잡고
與子偕老	당신과 함께 늙겠다고

于嗟闊兮	아아 멀리 있으니
不我活兮	함께 살지도 못하고
于嗟洵兮	아아 멀리 있으니
不我信兮	언약도 지키지 못하네

전쟁에 나간 병사가 고향의 아내를 그리며 노래한 시

凱 風　　마파람

凱風自南	남쪽에서 마파람
吹彼棘心	멧대추 새순으로 불어오니
棘心夭夭	멧대추 새순은 파릇파릇
母氏劬勞	어머니는 고생만 하셨네
凱風自南	남쪽에서 마파람
吹彼棘薪	멧대추 가지로 불어오네
母氏聖善	어머니는 뛰어나게 착하셨는데
我無令人	우리들은 훌륭한 사람 되질 못했네
爰有寒泉	한천은
在浚之下	준읍 아래에 있건만
有子七人	아들 일곱 있어도
母氏勞苦	어머니는 고되게 일만 하셨네
睍睆黃鳥	곱고 고운 꾀꼬리
載好其音	그 소리 아름답기도 하네
有子七人	아들 일곱 있어도
莫慰母心	어머니 마음 위로 못해드렸네

雄雉　　장끼

雄雉于飛	장끼가 날아가네
泄泄其羽	퍼덕퍼덕 날개 치며
我之懷矣	사무치는 그리움은
自詒伊阻	내가 만든 고통인 것을
雄雉于飛	장끼가 날아가네
上下其音	오르락내리락 소리 내며
展矣君子	정말 서방님께서
實勞我心	내 마음 힘들게 하네
瞻彼日月	해와 달을 바라보니
悠悠我思	아득하고 아득한 그리움이여
道之云遠	길은 멀기만 한데
曷云能來	어느 때에 오시려나
百爾君子	모든 벼슬아치여
不知德行	덕행을 모르시나
不忮不求	해치지지도 않고 탐하지도 않았다면
何用不臧	어쨌든 착하지 않소

귀양 가 있는 남편을 생각하며 노래한 시

匏有苦葉　　박엔 쓴 이파리

匏有苦葉	박엔 쓴 이파리
濟有深涉	나루에는 깊은 건널목
深則厲	깊으면 옷 입은 채 건너고
淺則揭	얕으면 옷 걷고 건너리
有瀰濟盈	물 가득한 나루
有鷕雉鳴	꿩꿩 까투리 우네
濟盈不濡軌	나루에 물 가득 차도 바퀴굴대 젖지 않고
雉鳴求其牡	까투리 수컷 찾아 우네
雝雝鳴雁	끼룩끼룩 울어 에는 기러기
旭日始旦	해가 솟아 아침이 밝아 오네
士如歸妻	사내가 장가들려면
迨冰未泮	얼음이 녹기 전에
招招舟子	손짓하며 부르는 뱃사공
人涉卬否	남들은 건너도 나는 건널 수 없어
人涉卬否	남들은 건너도 나는 건널 수 없어
卬須我友	나는 내 벗을 기다려야 하기에

남녀가 서로 희롱하며 노래한 시

谷 風　　　　골바람

習習谷風	습습 골바람 불더니
以陰以雨	흐리다 비가 내리네
黽勉同心	한 마음으로 힘쓰고 힘써왔는데
不宜有怒	화내시면 안 되지요
采葑采菲	순무 캐고 무 캘 때
無以下體	밑동만 뽑지 않잖아요
德音莫違	말씀 어기지 않으셨다면
及爾同死	그대와 죽을 때까지 같이하려 했는데
行道遲遲	가는 길 더디고 더딘 건
中心有違	마음 속 원망 때문
不遠伊邇	멀리는 아니더라도 가까이서라도
薄送我畿	매정하게 문안에서 보내다니
誰謂荼苦	누가 씀바귀 쓰다 했나
其甘如薺	달기가 냉이 같은데
宴爾新婚	그대는 신혼 재미에
如兄如弟	마치 형제들 같이

涇以渭濁	경수 때문에 위수가 흐려져도
湜湜其沚	그 물가는 맑고 맑네
宴爾新婚	그대는 신혼 재미에
不我屑以	나를 달갑게 여기지 않네
毋逝我梁	내 어량에 가지 말고
毋發我笱	내 통발도 들추지 말아요
我躬不閱	이 몸 받아들이지도 않는데
遑恤我後	뒷일 걱정하다니

就其深矣	깊은 곳 건널 땐
方之舟之	뗏목 타고 배 타고
就其淺矣	얕은 곳 건널 땐
泳之遊之	무자맥질 하고 헤엄 치고
何有何亡	무엇이 있고 무엇이 없고
黽勉求之	힘쓰고 힘써 갖추었지
凡民有喪	이웃에 초상나면
匍匐救之	있는 힘 다해 도우 곤했지

不我能慉　　돌보기는커녕
反以我爲讐　　도리어 원수로 여기니
旣阻我德　　박복한 신세
賈用不售　　안 팔리는 물건 같네
昔育恐育鞫　　옛날 궁핍할 때 사는 게 두려웠지만
及爾顚覆　　그대와 모진 고생 함께하며
旣生旣育　　살고 살아 왔는데
比予于毒　　나를 독처럼 여기다니

我有旨蓄　　맛있게 김장 담근 건
亦以御冬　　겨울나기 위함인데
宴爾新婚　　그대는 신혼 재미에
以我御窮　　나는 가난 막이 인가
有洸有潰　　성내고 화내고
旣詒我肄　　내게 준 건 고생 뿐
不念昔者　　옛날 생각나지도 않겠지
伊余來塈　　날 취하던…

소박맞은 아내가 원망하며 노래한 시

式 微　　　야위셨는데

式微式微	야위고 야위셨는데
胡不歸	어찌 돌아가시지 않습니까
微君之故	그대 일 아니라면
胡爲乎中露	어찌 이슬 맞으며 지내겠소
式微式微	야위고 야위셨는데
胡不歸	어찌 돌아가시지 않습니까
微君之躬	그대 몸 아니라면
胡爲乎泥中	어찌 진흙 가운데 지내겠소

旄丘　　높은 언덕

旄丘之葛兮	높은 언덕의 칡덩굴은
何誕之節兮	어찌 마디도 넓은가
叔兮伯兮	아우님 형님
何多日也	어찌 여러 날 걸리나요
何其處也	어디에 계시나요
必有與也	반드시 함께 할 사람은 있겠지요
何其久也	어찌 오래 걸리나요
必有以也	반드시 이유야 있겠지요
狐裘蒙戎	여우 갖옷은 너덜너덜
匪車不東	수레는 동쪽으로 가지 않는 게 없네
叔兮伯兮	아우님 형님
靡所與同	함께 하지 않는 것입니까
瑣兮尾兮	자질구레한 꼬리 모양
流離之子	떠도는 이 사람을
叔兮伯兮	아우님 형님
褎如充耳	귀를 막고 모른 체 하시는 것입니까

簡 兮　　대범하게

簡兮簡兮　대범하게 대범하게
方將萬舞　방패와 도끼 들고 춤을 추네
日之方中　해는 하늘 가운데
在前上處　맨 앞에 서서

碩人俁俁　큼지막한 사나이
公庭萬舞　궁 뜰에서 방패와 도끼 들고 춤을 추네
有力如虎　힘은 범 같고
執轡如組　고삐 잡기를 실끈 잡듯

左手執籥　왼손엔 피리 쥐고
右手秉翟　오른손엔 꿩 깃 잡고
赫如渥赭　불그스레한 얼굴 짙게 붉어지니
公言錫爵　나라님 술잔 내리시네

山有榛　산에는 개암나무
隰有苓　진펄엔 감초
云誰之思　누구를 생각하나
西方美人　서쪽 임금님
彼美人兮　임금님이여!
西方之人兮　서쪽의 임금님이여!

泉水　　샘물

毖彼泉水	졸졸 흐르는 샘물
亦流于淇	기수로 흐르네
有懷于衛	위나라가 그리워
靡日不思	하루도 생각하지 않는 날이 없네
孌彼諸姬	예쁜 아씨들에게
聊與之謀	그저 물어나 볼까
出宿于泲	제(泲)에 나아와 자고
飮餞于禰	예(禰)에서 전별주 마셨지
女子有行	여자는 시집가면
遠父母兄弟	부모형제와도 멀어진다지만
問我諸姑	고모들에게 문안도 드리고
遂及伯姊	큰 언니도 보고 싶구나
出宿于干	간(干)에 나아와 자고
飮餞于言	언(言)에서 전별주 마셨지
載脂載舝	기름 치고 비녀장 질러
還車言邁	수레 돌려 달려가면
遄臻于衛	대번에 위나라에 이르겠지만
不瑕有害	해를 입지나 않을까

我思肥泉	비천을 생각하니
玆之永歎	긴 한숨만 나오고
思須與漕	수(須)와 조(漕)를 생각하니
我心悠悠	마음만 아득하고 아득하네
駕言出遊	수레타고 나가 놀면서
以寫我憂	근심이나 덜어 볼까

다른 나라로 시집간 여자가 고국, 고향을 그리며 노래한 시

北門　　북문

出自北門	북문을 나서니
憂心殷殷	근심만 가득
終窶且貧	가난하고 가난한
莫知我艱	내 어려움을 알지 못하니
已焉哉	아서라!
天實爲之	하늘이 하시는 일
謂之何哉	말한들 무엇 하랴
王事適我	왕사를 열심히 하니
政事一埤益我	정사도 하나같이 내게 보태지네
我入自外	밖에서 들어가면
室人交徧讁我	집사람들 번갈아 가며 나무라네
已焉哉	아서라!
天實爲之	하늘이 하시는 일
謂之何哉	말한들 무엇 하랴
王事敦我	왕사를 힘껏 하니
政事一埤遺我	정사도 하나같이 내게로 보내네
我入自外	밖에서 들어가면
室人交徧摧我	집사람들 번갈아 가며 하지 말라 하네
已焉哉	아서라!
天實爲之	하늘이 하시는 일
謂之何哉	말한들 무엇 하랴

北 風　　북 풍

北風其凉　　북풍은 차갑고
雨雪其雱　　눈마저 펑펑
惠而好我　　사랑하고 나를 좋아하여
携手同行　　손잡고 함께 가니
其虛其邪　　느릿느릿
既亟只且　　어서요 어서요

北風其喈　　북풍은 세차고
雨雪其霏　　눈마저 펄펄
惠而好我　　사랑하고 나를 좋아하여
携手同行　　손잡고 함께 돌아가니
其虛其邪　　느릿느릿
既亟只且　　어서요 어서요

莫赤匪狐　　붉은 건 여우 아닌 게 없고
莫黑匪烏　　검은 건 까마귀 아닌 게 없네
惠而好我　　사랑하고 나를 좋아하여
携手同行　　손잡고 함께 수레 타니
其虛其邪　　느릿느릿
既亟只且　　어서요 어서요

靜 女　　　얌전한 아가씨

靜女其姝	예쁘고 얌전한 아가씨
俟我於城隅	성 모퉁이에서 기다리겠다고
愛以不見	사랑한다 하고선 나타나지 않아
搔首踟躕	머리 긁적이며 머뭇머뭇
靜女其變	예쁘고 얌전한 아가씨
貽我彤管	내게 붉은 피리 주네
彤管有煒	붉은 피리 붉기도 하지만
說懌女美	기쁘고 기쁜 건 아가씨가 아름다워
自牧歸荑	성 밖에서 준 띠 싹
洵美且異	정말 예쁘고 특이 했지
匪女之爲美	띠 싹이 고운 게 아니라
美人地貽	아름다운 아가씨가 준 것이라서

新臺　　새 누대

新臺有泚　　새 누대는 산뜻
河水瀰瀰　　황하 물은 치런치런
燕婉之求　　멋진 사람 찾아왔더니
籧篨不鮮　　새가슴에 못난 사람이라니

新臺有洒　　새 누대는 우뚝
河水浼浼　　황하 물은 넘실넘실
燕婉之求　　멋진 사람 찾아왔더니
籧篨不鮮　　새가슴에 죽지도 않을 사람이라니

魚網之設　　고기 그물을 쳐놓았더니
鴻則離之　　큰 기러기 걸렸네
燕婉之求　　멋진 사람 찾아왔더니
得此戚施　　이런 추악한 곱사등이라니

二子乘舟　　두 아들 배 타고

二子乘舟　　두 아들 배 타고
汎汎其景　　두둥실 멀어져 가네
願言思子　　늘 아들 생각에
中心養養　　마음속 뒤숭숭

二子乘舟　　두 아들 배 타고
汎汎其逝　　두둥실 사라져 가네
願言思子　　늘 아들 생각이
不瑕有害　　해를 입지나 않을까

통설은 위나라 선공은 자기 아버지의 첩인 이강과 정을 통하여 급(伋)이라는 아들을 낳았다. 아들 급이 성장하자 제나라의 선강을 며느리로 맞아하려다 그 미모에 반해 자신의 첩으로 삼아 버린다. 그 뒤 선강은 수(壽)와 삭(朔)이라는 두 아들을 낳자 선강은 자신의 큰 아들 수를 태자로 세우기 위해 음모를 꾸며 자신의 남편이 될 번한 급을 죽이려고 한다. 그러자 수는 이 음모를 알고 이복형인 급을 대신해 자신이 죽는다. 나중에 이 사실을 안 급도 따라 죽는다. 이 시는 급(伋)과 수(壽) 애도하기 위하여 지어졌다고 하나 많은 학자들은 의문을 제시하고 있음.

용 鄘

잣나무 배 栢舟

담장 납가새 牆有茨

낭군과 함께 늙고자 君子偕老

뽕밭 가운데서 桑中

메추리는 폴짝폴짝 鶉之奔奔

정성이 하늘 한가운데 이를 때 定之方中

무지개 蝃蝀

쥐를 봐도 相鼠

쇠꼬리 기 干旄

달려라 載馳

柏 舟 　　 잣나무 배

汎彼柏舟	두둥실 잣나무 배
在彼中河	황하 가운데 떠 있네
髧彼兩髦	저 떠꺼머리
實維我儀	정말 제 짝입니다
之死失靡他	죽을지언정 맹세코 다른 마음 없으니
母也天只	하늘같으신 어머니
不諒人只	저를 믿지 못하십니까

汎彼柏舟	두둥실 잣나무 배
在彼中河	황하 가에 떠 있네
髧彼兩髦	저 떠꺼머리
實維我儀	정말 제 배필입니다
之死失靡他	죽을지언정 맹세코 허튼 마음 없으니
母也天只	하늘같으신 어머니
不諒人只	저를 믿지 못하십니까

다른 데로 시집가기를 원하는 어머니께 한사코 자신은 사랑하는 사람을 저버릴 수 없다고 노래한 시

牆有茨　　담장 납가새

牆有茨　　담장 납가새
不可埽也　　쓸어버릴 수 없네
中冓之言　　깊숙한 침실의 말이라
不可道也　　말할 수 없고
所可道也　　말할 수야 있겠지만
言之醜也　　말해 봤자 부끄러울 뿐

牆有茨　　담장 납가새
不可襄也　　치울 수 없네
中冓之言　　깊숙한 침실의 말이라
不可詳也　　자세히 말할 수 없고
所可詳也　　자세히 말할 수야 있겠지만
言之長也　　말해 봤자 길어질 뿐

牆有茨　　담장 납가새
不可束也　　묶을 수 없네
中冓之言　　깊숙한 침실의 말이라
不可讀也　　지껄일 수 없고
所可讀也　　지껄일 수야 있겠지만
言之辱也　　말해 봤자 욕될 뿐

궁중에서 일어난 불륜을 노래한 시

君子偕老　　낭군과 함께 늙고자

君子偕老　　낭군과 함께 늙고자
副笄六珈　　여섯 개 구슬 달린 비녀 꽂은
委委佗佗　　어엿하고 의젓한 모습
如山如河　　산 같고 황하 같네
象服是宜　　예복도 잘 어울리건만
子之不淑　　당신이 정숙하지 않다니
云如之何　　어찌 된 일이요

玼兮玼兮　　곱고 고운
其之翟也　　꿩 무늬 옷
鬒髮如雲　　검은머리 구름 같아
不屑髢也　　다리 할 필요도 없었지
玉之瑱也　　옥으로 만든 귀막이
象之揥也　　상아로 만든 빗치개
揚且之晳也　　훤칠한 이마
胡然而天也　　어찌 그리 하늘같고
胡然而帝也　　어찌 그리 하느님 같나

玼兮玼兮	곱고 곱게
其之展也	차려입은 옷
蒙彼縐絺	주름 잡힌 고운 갈포 옷 입고
是紲袢也	꼭 동여 매셨네
子之淸揚	당신의 수려한 눈썹과 눈
揚且之顔也	이마며 얼굴
展如之人兮	정말 이 같은 사람이
邦之媛也	나라의 미인이지

桑 中 뽕밭 가운데서

桑中	뽕밭 가운데서
爰采唐矣	새삼 캐러
沬之鄉矣	매(沬) 고을에 갔었지
云誰之思	누굴 생각하고
美孟姜矣	아름다운 강 씨네 맏딸
期我乎桑中	뽕밭 가운데서 날 기다리다가
要我乎上宮	윗집으로 날 맞아드리고
送我乎淇之上矣	기수 가까지 날 바래다주더군
爰采麥矣	보리 베러
沬之北矣	매(沬) 북쪽에 갔었지
云誰之思	누굴 생각하고
美孟弋矣	아름다운 익 씨네 맏딸
期我乎桑中	뽕밭 가운데서 날 기다리다가
要我乎上宮	윗집으로 날 맞아드리고
送我乎淇之上矣	기수 가까지 날 바래다주더군
爰采葑矣	순무 캐러
沬之東矣	매(沬) 동쪽에 갔었지
云誰之思	누굴 생각하고
美孟庸矣	아름다운 용 씨네 맏딸
期我乎桑中	뽕밭 가운데서 날 기다리다가
要我乎上宮	윗집으로 날 맞아드리고
送我乎淇之上矣	기수 가까지 날 바래다주더군

鶉之奔奔　　메추리는 폴짝폴짝

鶉之奔奔	메추리는 폴짝폴짝
鵲之彊彊	까치는 까옥까옥
人之無良	옳지 못한 사람을
我以爲兄	형으로 여겨야 하다니
鵲之彊彊	까치는 까옥까옥
鶉之奔奔	메추리는 폴짝폴짝
人之無良	옳지 못한 사람을
我以爲君	나라님으로 섬겨야 하다니

定之方中　　정성(定星)이 하늘 한가운데 이를 때

定之方中　　정성(定星)이 하늘 한가운데 이를 때
作于楚宮　　초구(楚丘)에 궁궐 짓고
揆之以日　　해 그림자 재어
作于楚室　　초구에 궁실도 지었다네
樹之榛栗　　개암나무 밤나무
椅桐梓漆　　의나무 오동나무 가래나무 옻나무 심고
爰伐琴瑟　　이를 베어다 거문고도 만들었다네

升彼虛矣　　빈 터에 올라
以望楚矣　　초구를 바라보다
望楚與堂　　초구와 당읍(唐邑)도 바라보시고
景山與京　　큰 산과 높은 언덕
降觀于桑　　내려와 뽕나무 살피시고는
卜云其吉　　점을 쳐 길하다 하니
終焉允臧　　마침내 정말 좋아 하시네

靈雨旣零　　단비 내리면
命彼倌人　　수레 맡은 사람에게 이르시어
星言夙駕　　별 보이며 이르더라도 수레 내라 하시고
說于桑田　　뽕밭에 머무시니
匪直也人　　곧으신 분일뿐만 아니라
秉心塞淵　　마음가짐도 성실하고 깊어
騋牝三千　　큰 암말이 삼천 마리나 된다네

蝃蝀　　무지개

蝃蝀在東	무지개가 동쪽에 서도
莫之敢指	손가락질 하지 마오
女子有行	여자가 시집가면
遠父母兄弟	부모형제와도 멀어진다는데
朝隮于西	아침에 서쪽 무지개 서더니
崇朝其雨	아침내 비가 오네
女子有行	여자가 시집가면
遠兄弟父母	형제부모와도 멀어진다는데
乃如之人也	이 사람은
懷昏姻也	혼인할 생각을 하지만
大無信也	너무 믿음성이 없어
不知命也	운명이란 알 수 없는 것인가

음란한 여자를 풍자한 시

相 鼠　　　쥐를 봐도

相鼠有皮	쥐를 봐도 가죽이 있는데
人而無儀	사람이면서 체면이 없다니
人而無儀	사람이면서 체면이 없다니
不死何爲	죽지 않고 무얼 하나
相鼠有齒	쥐를 봐도 이빨이 있는데
人而無止	사람이면서 범절이 없다니
人而無止	사람이면서 범절이 없다니
不死何俟	죽지 않고 무얼 기다리나
相鼠有體	쥐를 봐도 팔다리가 있는데
人而無禮	사람이면서 예의가 없다니
人而無禮	사람이면서 예의가 없다니
胡不遄死	어찌 빨리 죽지 않나

예의를 모르는 사람을 풍자한 시

干旄　　쇠꼬리 기

孑孑干旄	우뚝 솟은 쇠꼬리 기
在浚之郊	준(浚)읍 밖에 있네
素絲紕之	흰 실로 가선 두른 깃발
良馬四之	좋은 말 네 마리가 끄는 수레
彼姝者子	저 훌륭하신 분에게
何以畀之	무엇을 드리나
孑孑干旟	우뚝 솟은 송골매 기
在浚之都	준(浚)읍 안에 있네
素絲組之	흰 실로 짠 깃발
良馬四之	좋은 말 다섯 마리가 끄는 수레
彼姝者子	저 훌륭하신 분에게
何以予之	무엇을 바치나
孑孑干旌	우뚝 솟은 새 깃 기
在浚之城	준(浚)읍 성에 있네
素絲祝之	흰 실로 짠 깃발
良馬四之	좋은 말 여섯 마리가 끄는 수레
彼姝者子	저 훌륭하신 분에게
何以告之	무엇을 아뢰나

載 馳 　　　달려라

載馳載驅	달리고 달려
歸唁衛侯	돌아가 위후(衛侯)를 위문하리라
驅馬悠悠	말을 몰아 머나먼
言至於漕	조(漕)에 이르니
大夫跋涉	대부들도 산 넘고 물 건너왔지만
我心則憂	마음엔 시름이
旣不我嘉	못마땅하게 여겨도
不能旋反	돌이킬 수 없어
視爾不臧	그들이 좋지 않게 본데도
我思不遠	생각 물릴 수 없어
旣不我嘉	못마땅하게 여겨도
不能旋濟	돌려 건널 수 없어
視爾不臧	그들이 좋지 않게 본데도
我思不閟	생각 거둘 수 없어
陟彼阿丘	언덕 올라가
言采其蝱	패모(貝母)나 캐 볼까
女子善懷	여자가 생각이 많다고 하지만
亦各有行	각각 이유가 있는 것을
許人尤之	허(許)나라 사람들은 나무라기만 하니
衆稚且狂	모두가 유치하고 경망스럽네

我行其野	들판을 걸어가니
芃芃其麥	보리도 무럭무럭 자랐네
控于大邦	큰 나라에 알리고 싶지만
誰因誰極	누구에게 부탁하며 누구에게 가야 하나
大夫君子	대부여 군자여
無我有尤	나무라지 마소
百爾所思	그대들이 생각하는 것은
不知我所之	내가 가는 것만 못하다오

허나라 목공(穆公)의 부인이 그의 친정인 위나라를 걱정하며 지은 시

위 衛

淇 奧　　기수 물굽이

瞻彼淇奧　기수 물굽이 바라보니
綠竹猗猗　푸른 대나무 야들야들
有匪君子　훌륭하신 서방님
切如如磋　깍은 듯 다듬은 듯
如琢如磨　쫀 듯 간 듯
瑟兮僩兮　위엄 있고 굳세고
赫兮咺兮　훤하고 의젓한
有匪君子　훌륭하신 서방님
終不可諼兮　끝내 잊히지 않네

瞻彼淇奧　기수 물굽이 바라보니
綠竹青青　푸른 대나무 파릇파릇
有匪君子　훌륭하신 서방님
充耳琇瑩　귀막이 옥돌
會弁如星　갓 꿴 구슬 별인 듯
瑟兮僩兮　위엄 있고 굳세고
赫兮咺兮　훤하고 의젓한
有匪君子　훌륭하신 서방님
終不可諼兮　끝내 잊히지 않네

瞻彼淇奧	기수 물굽이 바라보니
綠竹如簀	푸른 대나무 쌓인 듯
有匪君子	훌륭하신 서방님
切金如錫	금인 듯 주석인 듯
切圭如璧	홀인 듯 둥근 구슬인 듯
寬兮綽兮	너그럽고 느긋하니
猗重較兮	아 수레 대에서
善戲謔兮	우스개도 잘 하셨지만
不爲虐兮	지나치지는 않으셨는데

남편을 여읜 아내가 남편을 회상하며 지은 시

考 槃　　오두막집

考槃在澗	산골짝 개울가 오두막집
碩人之寬	은자(隱者)는 느긋하네
獨寐寤言	홀로 자고 깨어나 말하길
永矢不諼	영원히 잊지 않겠다고 다짐하네
考槃在阿	굽은 언덕 오두막집
碩人之薖	은자(隱者)는 넉넉하네
獨寐寤歌	홀로 자고 깨어나 노래하며
永矢不過	영원히 뜨지 않겠다고 다짐하네
考槃在陸	높은 언덕 오두막집
碩人之軸	은자(隱者)는 여유롭네
獨寐寤宿	홀로 자고 깨어나 다시 자도
永矢不告	영원히 알리지 않겠다고 다짐하네

은자가 한가하게 살아가는 모습을 노래한 시

碩 人　　아름다우신 분

碩人其頎	헌칠하니 아름다우신 분
衣錦褧衣	비단 옷에 홑옷 덧입으셨네
齊侯之子	제(齊)나라님의 따님
衛侯之妻	위(衛)나라님의 아내
東宮之妹	태자의 누이
邢侯之姨	형(邢)나라님의 처제
譚公維私	담(譚)나라님은 형부라네
手如柔荑	손은 부드러운 띠 싹
膚如凝脂	살결은 희고 반드르르
領如蝤蠐	목은 흰 굼벵이
齒如瓠犀	이는 박씨
螓首蛾眉	매미머리 나방 눈썹
巧笑倩兮	생긋 웃을 제 고운 입매
美目盼兮	아름다운 눈 예쁘기도 하여라
碩人敖敖	늘씬하니 아름다우신 분
說于農郊	근교에 머무시네
四牡有驕	네 마리 수말 늠름하고
朱幩鑣鑣	붉은 말 재갈 곱기도 하네
翟茀以朝	꿩 무늬 포장수레 타고 입조하시니
大夫夙退	대부들 일찍 물러나
無使君勞	나라님 애 쓰이지 않게 하네

河水洋洋	황하는 세차고 세차게
北流活活	북으로 콸콸 흘러가고
施罛濊濊	그물 던지니 찰강찰강
鱣鮪發發	전어 붕어 팔딱팔딱
葭菼揭揭	갈대는 길쭉길쭉
庶姜孼孼	여러 강 씨들 한껏 차려입고
庶士有朅	여러 무사들도 씩씩 하네

위나라 장공(莊公)의 부인인 장강(莊姜)이 시집올 때의 아름다운 모습을 노래한 시

氓　　사 내

氓之蚩蚩　어수룩한 사내가
抱布貿絲　베를 안고 실 사러 왔는데
匪來貿絲　실 사러 온 게 아니라
來卽我謀　날 꾀려 왔더군
送子涉淇　그를 바래다준다는 것이
至于頓丘　돈구까지 갔지요
匪我愆期　내가 약속을 어긴 것이 아니라
子無良媒　당신에게 좋은 중매쟁이가 없었어
將子無怒　제발 성내지 말고
秋以爲期　가을을 기약 합시다

乘彼垝垣　무너진 담에 올라가
以望復關　복관을 바라보아도
不見復關　복관은 보이지 않고
泣涕漣漣　눈물만 줄줄
卽見復關　그러다 복관이 보이면
載笑載言　웃고 말하며
爾卜爾筮　그대 거북점 치고 점대로 점을 쳐
體無咎言　점괘가 좋으면
以爾車來　수레 몰고 와
以我賄遷　내 짐 옮겨 가요

桑之未落　　뽕잎이 지기 전에는
其葉沃若　　그 잎 싱싱하더니
于嗟鳩兮　　아아 비둘기야
無食桑葚　　오디를 따먹지 말아라
于嗟女兮　　아아 여자들아
無與士耽　　사내에게 빠지지 말아라
士之耽兮　　사내는 빠져도
猶可說也　　오히려 말할 수 있지만
女之耽兮　　여자가 빠지면
不可說也　　말할 수도 없다네

桑之落矣　　뽕잎이 질 때는
其黃而隕　　누렇게 되어 떨어지네
自我徂爾　　나는 그대에게 시집가서
三歲食貧　　삼년이나 가난하게 살았고
淇水湯湯　　출렁이는 기수(淇水)에
漸車帷裳　　수레 휘장 적시기도 했지
女也不爽　　여자는 어긋나지 않아도
士貳其行　　사내 행실은 이랬다저랬다
士也罔極　　사내란 종잡을 수 없어
二三其德　　이랬다저랬다 하는 그 인품

三歲爲婦	삼년 동안 지어미 되어
靡室勞矣	집안 일 힘들다 여기지 않고
夙興夜寐	일찍 일어나고 밤늦게 자며
靡有朝矣	하루라도 그렇게 하지 않는 날이 없었는데
言旣遂矣	언약이 이루어지자
至于暴矣	모질게 굴어
兄弟不知	형제들은 알지도 못하고
咥其笑矣	허허 웃기만 하네
靜言思之	곰곰이 생각하니
躬自悼矣	내 신세가 서글프기만
及爾偕老	그대와 함께 늙고자 했는데
老使我怨	늘그막에 날 원망하게 하네요
淇則有岸	기수에도 언덕이 있고
隰則有泮	진펄에도 밭두둑이 있건만
總角之宴	총각 땐 즐거워
言笑晏晏	말하면 웃고 좋아하고
信誓旦旦	믿음으로 맹세할 때는 분명하고 분명하더니
不思其反	돌아설 줄이야 생각도 못했네
反是不思	돌아선 것 생각하며 뭐하나
亦已焉哉	다 끝나버린 것을

竹竿 낚싯대

籊籊竹竿	가늘고 긴 낚싯대
以釣于淇	기수에서 낚시질
豈不爾思	어찌 그대가 생각나지 않겠어
遠莫致之	멀어서 갈 수 없는 걸
泉源在左	천원은 왼쪽
淇水在右	기수는 오른쪽
女子有行	여자는 시집가면
遠父母兄弟	부모형제와도 멀어진다는데
淇水在右	기수는 오른쪽
泉源在左	천원은 왼쪽
巧笑之瑳	생긋 웃는 웃음
佩玉之儺	아장아장 걸을 때 패옥소리
淇水滺滺	기수는 흐르고 흘러가네
檜楫松舟	회나무 노 소나무 배
駕言出遊	수레 타고 나가 놀면서
以寫我憂	근심이나 덜어 볼까

芄蘭　　박주가리

芄蘭之支	박주가리 가지
童子佩觿	사내아이가 뿔송곳 찼네
雖則佩觿	비록 뿔송곳 찼어도
能不我知	나를 몰라주네
容兮遂兮	모습은 엉거주춤
垂帶悸兮	드리운 띠도 축 늘어졌네

芄蘭之葉	박주가리 잎
童子佩韘	사내아이가 깍지 찼네
雖則佩韘	비록 깍지 찼어도
能不我甲	나를 가까이 않네
容兮遂兮	모습은 엉거주춤
垂帶悸兮	드리운 띠도 축 늘어졌네

위나라 혜공(惠公)을 풍자한 시

河 廣　　　황하는 넓다

誰謂河廣	누가 황하는 넓다고 했나
一葦杭之	조각배로도 건널 수 있는 것을
誰謂宋遠	누가 송나라는 멀다고 했나
跂予望之	발돋움만 해도 바라볼 수 있는 것을
誰謂河廣	누가 황하는 넓다고 했나
曾不容刀	거룻배도 띄울 수 없는 것을
誰謂宋遠	누가 송나라는 멀다고 했나
曾不崇朝	아침내 닿을 수 있는 곳을

위나라에 와서 사는 송나라 사람이 고향을 생각하며 노래한 시

伯兮 그이

伯兮朅兮	그이는 씩씩한
邦之桀兮	나라의 영걸
伯也執殳	그이가 창을 잡고
爲王前驅	왕을 위해 앞장섰네
自伯之東	그이가 동으로 간 뒤
首如飛蓬	머리는 날리는 다북쑥
豈無膏沐	어찌 머리 감고 기름 바르지 못하랴마는
誰適爲容	누굴 위해 모양 내리
其雨其雨	비야! 비야!
杲杲出日	햇볕만 쨍쨍
願言思伯	늘 그이 생각에
甘心首疾	머리 아파도 달게 여긴다네
焉得諼草	어디 망우초 얻어다가
言樹之背	뒤곁에 심어 볼까
願言思伯	늘 그이 생각에
使我心痗	가슴 앓고 있으니

전쟁에 나간 남편을 그리워하며 지은 시

有狐　　여우

有狐綏綏　　여우가 어정어정
在彼淇梁　　기수 징검다리에 있네
心之憂矣　　마음의 시름이여
之子無裳　　그 사람 치마도 없을 텐데

有狐綏綏　　여우가 어정어정
在彼淇厲　　기수 건널목에 있네
心之憂矣　　마음의 시름이여
之子無帶　　그 사람 띠도 없을 텐데

有狐綏綏　　여우가 어정어정
在彼淇側　　기수 가에서 있네
心之憂矣　　마음의 시름이여
之子無服　　그 사람 옷도 없을 텐데

부역 간 남편을 걱정하며 지은 시

木瓜 모과

投我以木瓜	나에게 모과를 던져 주길래
報之以瓊琚	아름다운 패옥으로 보답했지요
匪報也	보답이 아니라
永以爲好也	영원한 사랑을 위해서지요
投我以木桃	나에게 복숭아를 던져 주길래
報之以瓊瑤	아름다운 옥돌로 보답했지요
匪報也	보답이 아니라
永以爲好也	영원한 사랑을 위해서지요
投我以木李	나에게 자두를 던져 주길래
報之以瓊玖	아름다운 옥석으로 보답했지요
匪報也	보답이 아니라
永以爲好也	영원한 사랑을 위해서지요

왕 王

메기장 축 처지고 黍離

부역가신 서방님 君子于役

서방님 뜻 이루시어 君子陽陽

느릿느릿 흐르는 물 揚之水

골짜기 가운데 익모초 中谷有蓷

토끼는 깡충깡충 兎爰

칡덩굴 葛藟

칡 캐러 가세 采葛

큰 수레 大車

언덕 가운데 삼밭 丘中有麻

黍 離　　메기장 축 처지고

彼黍離離	메기장 축 처지고
彼稷之苗	찰기장 싹이 돋았네
行邁靡靡	가는 걸음 터벅터벅
中心搖搖	가슴 속 울렁울렁
知我者	나를 아는 사람은
謂我心憂	나더러 시름겹다 하고
不知我者	나를 모르는 사람은
謂我何求	나더러 무얼 책망하느냐고
悠悠蒼天	아득하고 아득한 푸른 하늘이여
此何人哉	이는 누구 탓입니까

彼黍離離	메기장 축 처지고
彼稷之穗	찰기장 이삭 팼네
行邁靡靡	가는 걸음 터벅터벅
中心如醉	가슴 속 어질어질
知我者	나를 아는 사람은
謂我心憂	나더러 시름겹다 하고
不知我者	나를 모르는 사람은
謂我何求	나더러 무얼 책망하느냐고
悠悠蒼天	아득하고 아득한 푸른 하늘이여
此何人哉	이는 누구 탓입니까

彼黍離離　　메기장 축 처지고
彼稷之實　　찰기장 여물었네
行邁靡靡　　가는 걸음 터벅터벅
中心如噎　　가슴 속 메이네
知我者　　나를 아는 사람은
謂我心憂　　나더러 시름겹다 하고
不知我者　　나를 모르는 사람은
謂我何求　　나더러 무얼 책망하느냐고
悠悠蒼天　　아득하고 아득한 푸른 하늘이여
此何人哉　　이는 누구 탓입니까

주(周)의 옛 도읍(鎬)을 지나다가 기장 밭이 되어버린 궁궐터를 보고 노래한 시

君子于役 부역가신 서방님

君子于役	부역가신 서방님
不知其期	기약한 날 모르시나
曷至哉	언제 오시려나
鷄棲于塒	닭은 홰에 깃들고
日之夕矣	날 저무니
羊牛下來	양과 소들도 내려오는데
君子于役	부역가신 서방님
如之何勿思	어찌 생각나지 않으리
君子于役	부역가신 서방님
不日不月	날짜도 모르시나
曷其有佸	언제 오시려나
鷄棲于桀	닭은 횃대에 깃들고
日之夕矣	날 저무니
羊牛下括	양과 소들도 내려왔는데
君子于役	부역가신 서방님
苟無飢渴	목마르고 배는 곯지 않으시는지

부역 간 남편을 그리워하며 노래한 시

君子陽陽　　서방님 뜻 이루시어

君子陽陽	서방님 뜻 이루시어
左執簧	왼손 생황 잡고
右招我由房	오른손 방으로 손짓하네
其樂只且	얼싸 좋을시고
君子陶陶	서방님 흥겨워
左執翿	왼손 깃 일산 잡고
右招我由敖	오른손 춤추자 손짓하네
其樂只且	얼싸 좋을시고

부부의 즐거움을 노래한 시

揚之水　　느릿느릿 흐르는 물

揚之水	느릿느릿 흐르는 물
不流束薪	땔나무단도 떠내려 보내지 못하네
彼其之子	그 사람
不與我戍申	함께하지 못하고 나만 신(申)에서 수자리
懷哉懷哉	그리워라 그리워라
曷月予還歸哉	어느 달 나 돌아가리
揚之水	느릿느릿 흐르는 물
不流束楚	가시나무단도 떠내려 보내지 못하네
彼其之子	그 사람
不與我戍甫	함께하지 못하고 나만 보(甫)에서 수자리
懷哉懷哉	그리워라 그리워라
曷月予還歸哉	어느 달 나 돌아가리
揚之水	느릿느릿 흐르는 물
不流束蒲	냇버들단도 떠내려 보내지 못하네
彼其之子	그 사람
不與我戍許	함께하지 못하고 나만 허(許)에서 수자리
懷哉懷哉	그리워라 그리워라
曷月予還歸哉	어느 달 나 돌아가리

수자리(나라의 변방을 지키는 일)에서 고향의 아내를 그리워하며 노래한 시

中谷有蓷　　골짜기 가운데 익모초

中谷有蓷	골짜기 가운데 익모초
暵其乾矣	바짝 말라있네
有女仳離	떠나는 여인
嘅其嘆矣	한숨 쉬며 탄식 하네
嘅其嘆矣	한숨 쉬며 탄식 하네
遇人之艱難矣	남편이 어려움에 처해

中谷有蓷	골짜기 가운데 익모초
暵其脩矣	바짝 말라있네
有女仳離	떠나는 여인
條其歗矣	길게 울부짖네
條其歗矣	길게 울부짖네
遇人之不淑矣	남편이 좋지 않은 일을 당해

中谷有蓷	골짜기 가운데 익모초
暵其濕矣	축축하던 곳도 말라있네
有女仳離	떠나는 여인
啜其泣矣	훌쩍훌쩍 우네
啜其泣矣	훌쩍훌쩍 우네
何嗟及矣	울며 탄식한들 무슨 수가 있겠냐마는

兎爰　　토끼는 깡충깡충

有兎爰爰　　토끼는 깡충깡충
雉離于羅　　꿩은 그물에 걸렸네
我生之初　　내가 태어나 어릴 때에는
尙無爲　　아무 일 없더니
我生之後　　내가 자란 뒤에는
逢此百罹　　이 숱한 걱정 겪으니
尙寐無吪　　차라리 잠들어 꼼짝이나 말았으면

有兎爰爰　　토끼는 깡충깡충
雉離于罦　　꿩은 그물에 걸렸네
我生之初　　내가 태어나 어릴 때에는
尙無爲　　아무 일 없더니
我生之後　　내가 자란 뒤에는
逢此百罹　　이 숱한 근심 겪으니
尙寐無覺　　차라리 잠들어 깨지나 말았으면

有兎爰爰　　토끼는 깡충깡충
雉離于罿　　꿩은 그물에 걸렸네
我生之初　　내가 태어나 어릴 때에는
尙無爲　　아무 일 없더니
我生之後　　내가 자란 뒤에는
逢此百凶　　이 숱한 흉한 일 겪으니
尙寐無聰　　차라리 잠들어 듣지나 말았으면

葛藟　　칡덩굴

綿綿葛藟　　죽 연이은 칡덩굴
在河之滸　　황하 기슭에 뻗어 있네
終遠兄弟　　끝내 형제를 멀리하고
謂他人父　　남을 아버님이라 부르건만
謂他人父　　남을 아버님이라 부르건만
亦莫我顧　　돌아보지도 않네

綿綿葛藟　　죽 연이은 칡덩굴
在河之涘　　황하 기슭에 뻗어 있네
終遠兄弟　　끝내 형제를 멀리하고
謂他人母　　남을 어머님이라 부르건만
謂他人母　　남을 어머님이라 부르건만
亦莫我有　　아는 척도 않네

綿綿葛藟　　죽 연이은 칡덩굴
在河之漘　　황하 기슭에 뻗어 있네
終遠兄弟　　끝내 형제를 멀리하고
謂他人昆　　남을 형님이라 부르건만
謂他人昆　　남을 형님이라 부르건만
亦莫我聞　　들은 척도 않네

시집살이를 노래한 시

采葛　　칡 캐러 가세

彼采葛兮　　칡 캐러 가세
一日不見　　하루만 못 봐도
如三月兮　　석 달이나 된 듯하니

彼采蕭兮　　쑥 캐러 가세
一日不見　　하루만 못 봐도
如三秋兮　　아홉 달이나 된 듯하니

彼采艾兮　　약쑥 캐러 가세
一日不見　　하루만 못 봐도
如三歲兮　　삼년이나 된 듯하니

大 車　　큰 수레

大車檻檻	큰 수레 덜컹덜컹
毳衣如菼	부드럽고 가는 털옷 물억새 같네
豈不爾思	어찌 그대가 생각나지 않겠어요
畏子不敢	당신이 두려워 감히 나서지 못하는 걸요
大車啍啍	큰 수레 느릿느릿
毳衣如璊	부드럽고 가는 털옷 붉은 구슬 같네
豈不爾思	어찌 그대가 생각나지 않겠어요
畏子不奔	당신이 두려워 달려가지 못하는 걸요
穀則異室	살아서는 집을 달리하더라도
死則同穴	죽어서는 한 곳에 묻히고 싶어요
謂予不信	나를 믿지 못하신다면
有如皦日	밝은 해를 두고 맹세하리다

옛 사내가 출세를 하여 수레를 타고 지나가는 모습을 보고 노래한 시

丘中有麻　　언덕 가운데 삼밭

丘中有麻　　언덕 가운데 삼밭
彼留子嗟　　그 곳에 머무시는 자차님
彼留子嗟　　그 곳에 머무시는 자차님
將其來施施　　기쁘게 기쁘게 오셔요

丘中有麥　　언덕 가운데 삼밭
彼留子國　　그 곳에 머무시는 자국님
彼留子國　　그 곳에 머무시는 자국님
將其來食　　밥 먹으러 오셔요

丘中有李　　언덕 가운데 오얏나무
彼留之子　　그 곳에 머무시는 분께서
彼留之子　　그 곳에 머무시는 분께서
貽我佩玖　　내게 패옥을 주시네

정부를 기다리는 여인의 노래

정 鄭

緇 衣　　　　검은 옷

緇衣之宜兮　　검은 옷이 잘 어울리네요
弊予又改爲兮　　해지며 내 또다시 만들게요
適子之館兮　　당신 등청하셨다가요
還予授子之粲兮　　돌아오시며 손수 당신 밥도 차릴게요

緇衣之好兮　　검은 옷이 좋네요
弊予又改造兮　　해지며 내 또다시 지을게요
適子之館兮　　당신 등청하셨다가요
還予授子之粲兮　　돌아오시며 손수 당신 밥도 차릴게요

緇衣之蓆兮　　검은 옷이 좋네요
弊予又改作兮　　해지며 내 또다시 맞출게요
適子之館兮　　당신 등청하셨다가요
還予授子之粲兮　　돌아오시며 손수 당신 밥도 차릴게요

훌륭한 남편에 대한 사랑의 노래

將仲子　　제발 둘째 도련님

將仲子兮	제발 둘째 도련님
無踰我里	우리 마을 넘어오지 마세요
無折我樹杞	내가 심은 버들 부러뜨리지 말고요
豈敢愛之	어찌 버들이 아깝겠어요
畏我父母	우리 부모님이 두려워서지요
仲可懷也	도련님이 그립긴 하지만
父母之言	부모님 말씀이
亦可畏也	더 두려워요
將仲子兮	제발 둘째 도련님
無踰我墻	우리 담장 넘어오지 마세요
無折我樹桑	내가 심은 뽕나무 부러뜨리지 말고요
豈敢愛之	어찌 뽕나무가 아깝겠어요
畏我諸兄	우리 오빠들이 두려워서지요
仲可懷也	도련님이 그립긴 하지만
諸兄之言	오빠들 말이
亦可畏也	더 두려워요

將仲子兮	제발 둘째 도련님
無踰我園	우리 울타리 넘어오지 마세요
無折我樹檀	내가 심은 박달나무 부러뜨리지 말고요
豈敢愛之	어찌 박달나무가 아깝겠어요
畏人之多言	남 말 많은 것이 두려워서지요
仲可懷也	도련님이 그립긴 하지만
人之多言	남 말 많은 것이
亦可畏也	더 두려워요

叔于田　　숙께서 사냥 가시고 나면

叔于田	숙께서 사냥 가시고 나면
巷無居人	거리엔 사람이 없네
豈無居人	어찌 사람이 없겠냐마는
不知叔也	숙 같지가 않으니
洵美且仁	참으로 멋지고 어진 분이지
叔于狩	숙께서 사냥 가시고 나면
巷無飮酒	거리엔 술 마시는 사람이 없네
豈無飮酒	어찌 술 마시는 사람이 없겠냐마는
不知叔也	숙 같지가 않으니
洵美且好	참으로 멋지고 좋은 분이지
叔適野	숙께서 들에 가시고 나면
巷無服馬	거리엔 말 탄 사람이 없네
豈無服馬	어찌 말 탄 사람이 없겠냐마는
不知叔也	숙 같지가 않으니
洵美且武	참으로 멋지고 굳센 분이지

大叔于田　　대숙께서 사냥 가시네

叔于田　숙께서 사냥 가시네
乘乘馬　네 마리 말 수레 타고서
執轡如組　고삐 잡기는 끈 잡듯
兩驂如舞　두 마리 곁말은 춤추는 듯
叔在藪　숙께서 숲에 계시다가
火烈具擧　불이 확 한꺼번에 타오르면
襢裼暴虎　웃통 벗고 맨손으로 범을 때려잡아
獻于公所　나라님께 바친다네
將叔無狃　제발 숙이여 거듭하지 마세요
戒其傷女　당신 다치실까봐 마음 졸여요

叔于田　숙께서 사냥 가시네
乘乘黃　네 마리 누런 말 수레 타고서
兩服上襄　두 마리 안쪽 말은 앞서고
兩驂雁行　두 마리 곁말은 나란히 가네
叔在藪　숙께서 숲에 계시다가
火烈具揚　불이 확 한꺼번에 타오르면
叔善射忌　숙께선 활도 잘 쏘시고
又良御忌　수레도 잘 모네
抑磬控忌　달렸다 멈췄다
抑縱送忌　활을 잘도 쏘시네

叔于田	숙께서 사냥 가시네
乘乘鴇	네 마리 오총이 수레 타고서
兩服齊首	두 마리 안쪽 말머리는 가지런히
兩驂如手	두 마리 곁말은 손같이 다루네
叔在藪	숙께서 숲에 계시다가
火烈具阜	불이 확 한꺼번에 타오르면
叔馬慢忌	숙께선 말을 느릿느릿 몰고
叔發罕忌	숙께선 활도 드문드문 쏘시다
抑釋掤忌	화살 통 뚜껑 풀고
抑鬯弓忌	활을 활집에 꽂으시네

清 人　　청읍 사람

清人在彭	청읍(淸邑)사람이 팽(彭) 땅에서
駟介旁旁	갑옷 입힌 네 마리 말 수레를 쉬지 않고 모네
二矛重英	두 자루 창에 붉은 깃털 달아 겹쳐 세우고
河上乎翺翔	황하 가를 빙빙 돌아다니네
清人在消	청읍(淸邑)사람이 소(消) 땅에서
駟介麃麃	갑옷 입힌 네 마리 말 수레를 씩씩하게 모네
二矛重喬	두 자루 창에 갈라지게 겹쳐 세우고
河上乎逍遙	황하 가를 왔다 갔다 하네
清人在軸	청읍(淸邑)사람이 축(軸) 땅에서
駟介陶陶	갑옷 입힌 네 마리 말 수레를 신나게 모네
左旋右抽	왼쪽으로 돌렸다 오른쪽으로 끌어 당겼다
中軍作好	군중에서 좋아들 하네

황하 가에 주둔하고 있는 군대의 양상을 노래한 시

羔裘　　염소 갖옷

羔裘如濡　　염소 갖옷 흠치르르
洵直且侯　　참으로 반듯하고 아름다워
彼其之子　　저기 저분이야말로
舍命不渝　　명을 바꾸지 않고 시행하리라

羔裘豹飾　　염소 갖옷 표범가죽 깃
孔武有力　　매우 굳세고 힘 있어 보여
彼其之子　　저기 저분이야말로
邦之司直　　나라의 법관

羔裘晏兮　　염소 갖옷 멋스럽고
三英粲兮　　꾸밈도 고아
彼其之子　　저기 저분이야말로
邦之彥兮　　나라의 선비

훌륭한 벼슬아치를 칭송한 시

遵大路　큰 길까지 따라가며

遵大路兮　큰 길까지 따라가며
摻執子之袪兮　임 소매 움켜잡고
無我惡兮　미워 마세요
不寁故也　옛정을 빨리 저버리는 건 아니랍니다

遵大路兮　큰 길까지 따라가며
摻執子之手兮　임 손 부여잡고
無我魗兮　버리지 마세요
不寁故也　옛사랑을 빨리 저버리는 건 아니랍니다

女曰鷄鳴　　여인 '닭이 우네요'

女曰鷄鳴	여인 '닭이 우네요'
士曰昧旦	사내 '아직 어두운데'
子興視夜	당신 일어나 밖을 보세요
明星有爛	샛별이 반짝이고
將翺將翔	새들이 날아다녀요
弋鳧與雁	오리랑 기러기 잡아오세요
弋言加之	잡아오시며
與子宜之	당신과 요리도 하고
宜言飮酒	정답게 술을 마시며
與子偕老	당신과 함께 늙고 싶어요
琴瑟在御	거문고도 탈 수 있으니
莫不靜好	조용하고 좋지 않은 게 없네요
知子之來之	당신이 올 줄 알았으니
雜佩以贈之	온갖 패물을 주었지요
知子之順之	당신이 기뻐할 줄 알았으니
雜佩以問之	온갖 패물을 안겼지요
知子之好之	당신이 좋아할 줄 알았으니
雜佩以報之	온갖 패물을 건넸지요

有女同車　　같이 수레 탄 아가씨

有女同車　　같이 수레 탄 아가씨
顔如舜華　　얼굴이 무궁화 같았네
將翶將翔　　흔들흔들
佩玉瓊琚　　노리개는 붉은 패옥
彼美孟姜　　저 아름다운 강 씨네 맏딸
洵美且都　　정말 아름답고 우아하기도 했지

有女同行　　같이 길을 간 아가씨
顔如舜英　　얼굴이 무궁화 같았네
將翶將翔　　흔들흔들
佩玉將將　　노리개는 쟁그랑쟁그랑
彼美孟姜　　저 아름다운 강 씨네 맏딸
德音不忘　　착한 말씨 잊혀 지지 않네

山有扶蘇　　산에는 작은 나무

山有扶蘇	산에는 작은 나무
隰有荷華	늪에는 연꽃
不見子都	멋진 사내는 보이지 않고
乃見狂且	웬 미치광이가
山有橋松	산에는 우뚝한 소나무
隰有游龍	늪에는 하늘거리는 말여뀌
不見子充	멋진 사내는 보이지 않고
乃見狡童	웬 깍쟁이가

蘀兮　　낙엽아

蘀兮蘀兮	낙엽아 낙엽아
風其吹女	바람이 내게로 부는구나
叔兮伯兮	뭇 사내들이여
倡予和女	날 부르면 당신 따를 텐데
蘀兮蘀兮	낙엽아 낙엽아
風其漂女	바람이 너를 흩날리는구나
叔兮伯兮	뭇 사내들이여
倡予要女	날 부르면 당신 요구 들어줄 텐데

狡 童　　깍쟁이

彼狡童兮	깍쟁이
不與我言兮	나와 말도 하지 않네
維子之故	너 때문에
使我不能餐兮	내가 먹지도 못하는데
彼狡童兮	깍쟁이
不與我食兮	나와 밥도 먹지 않네
維子之故	너 때문에
使我不能息兮	내가 쉬지도 못하는데

褰裳　　치마 걷고

子惠思我	네가 날 사랑했다면
褰裳涉溱	치마 걷고 진수라 해도 건너겠지
子不我思	네가 날 생각조차 않는데
豈無他人	왜 다른 사람이 없겠어
狂童之狂也且	바보! 바보 녀석아
子惠思我	네가 날 사랑했다면
褰裳涉洧	치마 걷고 유수라 해도 건너겠지
子不我思	네가 날 생각조차 않는데
豈無他士	왜 다른 사내가 없겠어
狂童之狂也且	바보! 바보 녀석아

丰　　잘 생긴 임

子之丰兮　　잘 생긴 임이
俟我乎巷兮　　골목에서 나를 기다렸는데
悔予不送兮　　나는 따라가지 못한 것을 뉘우치네

子之丰兮　　잘 생긴 임이
俟我乎堂兮　　본채에서 나를 기다렸는데
悔予不將兮　　나는 따라가지 못한 것을 뉘우치네

衣錦褧衣　　비단 저고리에 홑저고리 걸치고
裳錦褧裳　　비단 치마에 홑치마 덧입었으니
叔兮伯兮　　뭇 사내들이여
駕予與行　　수레 몰고 와 나와 함께 가요

裳錦褧裳　　비단 치마에 홑치마 덧입고
衣錦褧衣　　비단 저고리에 홑저고리 걸쳤으니
叔兮伯兮　　뭇 사내들이여
駕予與歸　　수레 몰고 와 나와 함께 떠나요

구혼을 거절했다 후회하는 노래

東門之墠　　동문 제사 터

東門之墠	동문 제사 터
茹藘在阪	꼭두서니 있는 비탈
其室則邇	그 집은 가까이 있건만
其人甚遠	그 사람은 퍽 멀리나 있는 듯
東門之栗	동문 밤나무
有踐家室	즐비한 집
豈不爾思	왜 그대가 생각나지 않겠어요
子不我卽	당신이 가까이 하지는 않지만

연인을 그리며 노래한 시

風 雨 비바람

風雨凄凄	비바람 쌀쌀하게 몰아치고
鷄鳴喈喈	닭들은 '꼬끼오 꼬끼오'
旣見君子	서방님 뵈오니
云胡不夷	어찌 마음 편치 않으리
風雨瀟瀟	비바람 휭휭 몰아치고
鷄鳴膠膠	닭들은 '꼬꼬댁 꼬꼬댁'
旣見君子	서방님 뵈오니
云胡不瘳	어찌 병이 낫지 않으리
風雨如晦	비바람 치고 어둡고
鷄鳴不已	닭 울음 그치지 않지만
旣見君子	서방님 뵈오니
云胡不喜	어찌 기쁘지 않으리

오랫동안 떠나 있다 돌아온 남편을 맞아들인 아내의 노래

子衿　　임 옷깃

靑靑子衿	푸르고 푸른 임 옷깃
悠悠我心	아득하고 아득한 내 마음이여
縱我不往	비록 내가 가지 못한다 해도
子寧不嗣音	임께선 어찌 소식조차 없으신지
靑靑子佩	푸르고 푸른 임 패옥
悠悠我思	아득하고 아득한 내 그리움이여
縱我不往	비록 내가 가지 못한다 해도
子寧不來	임께선 어찌 오시지 않으시는지
挑兮達兮	오고 갈 때마다
在城闕兮	성문에 올라봅니다
一日不見	하루만 못 뵈도
如三月兮	석 달이나 된 듯하니

연인을 그리워하는 노래

揚之水　　느릿느릿 흐르는 물

揚之水　　느릿느릿 흐르는 물
不流束楚　　가시나무단도 떠내려 보내지 못하네
終鮮兄弟　　형제라고는
維予與女　　오직 너와 나 뿐
無信人之言　　남 말은 믿지 말아라
人實迋女　　남은 정말 널 속이려고만 할 테니

揚之水　　느릿느릿 흐르는 물
不流束薪　　땔나무단도 떠내려 보내지 못하네
終鮮兄弟　　형제라고는
維予二人　　오직 우리 두 사람 뿐
無信人之言　　남 말은 믿지 말아라
人實不信　　남은 정말 믿을 수 없으니

누군가의 이간질로 형제사이가 멀어지자 형이 노래한 시

出其東門　　동문을 나서니

出其東門　　동문을 나서니
有女如雲　　아가씨들 구름 같네
雖則如雲　　비록 구름 같아도
匪我思存　　내 사랑은 있지도 않네
縞衣綦巾　　흰 저고리 초록 수건
聊樂我員　　날 즐겁게 해주었는데

出其闉闍　　동문을 나서니
有女如荼　　아가씨들 띠 꽃 같네
雖則如荼　　비록 띠 꽃 같아도
匪我思且　　내 사랑은 없네
縞衣茹藘　　흰 저고리 붉은 수건
聊可與娛　　함께 즐거워했는데

野有蔓草　　들로 뻗은 덩굴 풀

野有蔓草　　들로 뻗은 덩굴 풀
零露漙兮　　이슬 맺혀 방울방울
有美一人　　아름다운 사람
清揚婉兮　　맑은 눈 넓은 이마 예쁘기도
邂逅相遇　　우연히 만났지만
適我願兮　　내 바람이 이루어졌네

野有蔓草　　들로 뻗은 덩굴 풀
零露瀼瀼　　이슬 맺혀 흠치르르
有美一人　　아름다운 사람
婉如清揚　　예쁘기도 한 맑은 눈 넓은 이마
邂逅相遇　　우연히 만났지만
與子偕臧　　당신과 함께라면 좋아요

마음에 그리던 사람을 우연히 만난 기쁨을 노래한 시

溱 洧　　　진수와 유수

溱與洧	진수와 유수
方渙渙兮	넘실넘실 흐르네
士與女	사내와 아가씨
方秉蕑兮	난초를 들고 있네
女曰觀乎	아가씨 '구경 했어요'
士曰旣且	사내 '벌써 봤는걸'
且往觀乎	'또 구경 가요
洧之外	유수 밖은
洵訏且樂	정말 넓고 좋다는데'
維士與女	사내와 아가씨
伊其相謔	시시덕거리다가
贈之以勺藥	작약을 주네

溱與洧	진수와 유수
瀏其淸矣	맑고도 맑네
士與女	사내와 아가씨
殷其盈矣	많기도 많네
女曰觀乎	아가씨 '구경 했어요'
士曰旣且	사내 '벌써 봤는걸'
且往觀乎	'또 구경 가요
洧之外	유수 밖은
洵訏且樂	정말 넓고 좋다는데'
維士與女	사내와 아가씨
伊其相謔	시시덕거리다가
贈之以勺藥	작약을 주네

제 齊

鷄 鳴　　닭이 울었어요

鷄既鳴矣	닭이 울었어요
朝既盈矣	조정에 다들 모여겠어요
匪鷄則鳴	닭이 운 게 아니라
蒼蠅之聲	쇠파리 소리겠지
東方明矣	먼동이 터요
朝既昌矣	조정에 많이들 모여겠어요
匪東方則明	먼동이 트는 게 아니라
月出之光	달빛이겠지
蟲飛薨薨	벌레가 윙윙 날아다녀요
甘與子同夢	당신과 함께 달콤한 꿈도 꾸고 싶지만
會且歸矣	다들 모였다 돌아갈 텐데
無庶予子憎	난 당신 미움 받는 건 싫어요

還	재빨라
子之還兮	당신은 재빨랐지요
遭我乎猫之間兮	노산 골짜기에서 우리가 만나
竝驅從兩肩兮	나란히 말달리며 두 마리 짐승 쫓을 때
揖我謂我儇兮	나보고 절하며 나도 빠르다 했지요
子之茂兮	당신은 뛰어났지요
遭我乎猫之道兮	노산 길에서 우리가 만나
竝驅從兩牡兮	나란히 말달리며 두 마리 수 짐승 쫓을 때
揖我謂我好兮	나보고 절하며 나도 훌륭하다 했지요
子之昌兮	당신은 멋있었지요
遭我乎猫之陽兮	노산 남쪽에서 우리가 만나
竝驅從兩狼兮	나란히 말달리며 두 마리 이리 쫓을 때
揖我謂我臧兮	나보고 절하며 나도 잘한다 했지요

著　　　　　　바깥 뜰

俟我於著乎而	바깥 뜰에서 나를 기다리셨지요
充耳以素乎而	하얀 귀막이에
尙之以瓊華乎而	아름다운 옥 달고서
俟我於庭乎而	안마당에서 나를 기다리셨지요
充耳以靑素而	푸른 귀막이
尙之以瓊瑩乎而	반짝이는 옥 달고서
俟我於堂乎而	마루에서 나를 기다리셨지요
充耳以黃素而	푸른 귀막이
尙之以瓊英乎而	꽃무늬 옥 달고서

남편이 옛날 자기를 맞으러 왔을 때를 회상하며 노래한 시

東方之日　　동녘 해

東方之日兮	동녘 해 같네
彼姝者子	저 아름다운 임
在我室兮	내 방에 있네
在我室兮	내 방에 있네
履我卽兮	나는 따라 가려네
東方之月兮	동녘 달 같네
彼姝者子	저 아름다운 임
在我闥兮	내 뜰에 있네
在我闥兮	내 뜰에 있네
履我發兮	나는 따라 가려네

東方未明　　동녘이 아직 밝지도 않았는데

東方未明　　동녘이 아직 밝지도 않았는데
顚倒衣裳　　옷을 거꾸로 입고
顚之倒之　　넘어지고 엎어지고
自公召之　　나라님 부르시어

東方未晞　　먼동이 아직 트지도 않았는데
顚倒衣裳　　옷을 거꾸로 입고
倒之顚之　　엎어지고 넘어지고
自公令之　　나라님 분부 있어

折柳樊圃　　버들가지 꺾어 채소밭 울타리 치면
狂夫瞿瞿　　바보도 놀라 눈 동그랗게 뜨고 보는데
不能晨夜　　새벽인지 밤인지도 모르고
不夙則莫　　이른 아침 아니면 어두운데도

南山　　남산

南山崔崔	남산 높고 높은 곳
雄狐綏綏	수여우가 어정어정
魯道有蕩	쭉 뻗은 노나라 길
齊子由歸	제나라 공주 시집간 길
旣曰歸止	시집갔다 하고선
曷又懷止	어찌 또 생각하나
葛屨五兩	칡신 다섯 켤레
冠緌雙止	갓끈 한 쌍
魯道有蕩	쭉 뻗은 노나라 길
齊子庸止	제나라 공주 시집간 길
旣曰庸止	가버렸다 하고선
曷又從止	어찌 또 상종하나
蓺麻如之何	삼 심으려면 어떻게 하나
衡從其畝	가로 세로 이랑을 일구어야지
取妻如之何	아내 얻으려면 어떻게 하나
必告父母	반드시 부모님에게 여쭈어야지
旣曰告止	여쭈었다 하고선
曷又鞠止	어찌 또 난처하게 하나

析薪如之何	장작 패려면 어떻게 하나
匪斧不克	도끼 없으면 못 패지
取妻如之何	아내 얻으려면 어떻게 하나
匪媒不得	중매쟁이 없으면 못 얻지
旣曰得止	얻었다 하고선
曷又極止	어찌 또 끝까지 그러나

제나라 양공(襄公)의 불륜을 노래한 시 – 양공(襄公)은 자기 누이인 문강(文姜 노나라 桓公의 부인)과 결혼 전부터 사통하였다.

甫田　　큰 밭

無田甫田　　큰 밭 갈지 말아라
維莠驕驕　　강아지풀만 우거지고 우거지리
無思遠人　　멀리 있는 사람 그리워 말아라
勞心忉忉　　마음 괴롭고 시름만 더 하리

無田甫田　　큰 밭 갈지 말아라
維莠桀桀　　강아지풀만 무성하고 무성하리
無思遠人　　멀리 있는 사람 그리워 말아라
勞心怛怛　　마음 괴롭고 애만 더 타리

婉兮孌兮　　예쁘고 잘 생긴
總角丱兮　　쌍상투 총각
未幾見兮　　본지 얼마 되지 않았는데
突而弁兮　　어느새 갓 썼네

盧 令　　　사냥개 방울소리

盧令令　　　사냥개 방울소리 딸랑딸랑
其人美且仁　　　그 사람 멋있고 어질기도 하네

盧重環　　　사냥개 목엔 이중 고리
其人美且鬈　　　그 사람 멋있고 머릿결도 곱네

盧重鋂　　　사냥개 목엔 이중 사슬고리
其人美且偲　　　그 사람 멋있고 수염도 많네

敝笱　　해진 통발

敝笱在梁　　어량에 놓인 해진 통발
其魚魴鰥　　방어 환어
齊子歸止　　제나라 공주 시집가니
其從如雲　　따르는 사람 구름 같네

敝笱在梁　　어량에 놓인 해진 통발
其魚魴鱮　　방어 연어
齊子歸止　　제나라 공주 시집가니
其從如雨　　따르는 사람 비 오듯

敝笱在梁　　어량에 놓인 해진 통발
其魚唯唯　　물고기 들락날락
齊子歸止　　제나라 공주 시집가니
其從如水　　따르는 사람 물결 같네

문강(文姜)을 노래한 시

載驅　　수레 몰아

載驅薄薄　　수레 몰아 덜컹덜컹
簟茀朱鞹　　삿자리 가리개 붉은 가죽
魯道有蕩　　쭉 뻗은 노나라 길
齊子發夕　　제나라 공주님 밤에 나서네

四驪濟濟　　네 마리 검은 말 아름답고 아름다워
垂轡濔濔　　드리운 고삐 치런치런
魯道有蕩　　쭉 뻗은 노나라 길
齊子發夕　　제나라 공주님 즐겁기만

汶水湯湯　　문수는 세차게 흐르고
行人彭彭　　길 가는 사람들 많기도 많네
魯道有蕩　　쭉 뻗은 노나라 길
齊子翱翔　　제나라 공주님 왔다 갔다

汶水滔滔　　문수는 넘실넘실
行人儦儦　　길 가는 사람들 북적북적
魯道有蕩　　쭉 뻗은 노나라 길
齊子遊敖　　제나라 공주님 멋대로 노니네

이 시 역시 문강(文姜)을 노래한 시

猗 嗟　　　　아 아

猗嗟昌兮	아아 멋지구나
頎而長兮	헌칠한 키
抑若揚兮	숙였다 들었다
美目揚兮	아름다운 눈 치켜뜨고
巧趨蹌兮	잽싼 걸음걸이
射則臧兮	쏘았다 하면 맞히네
猗嗟名兮	아아 훌륭하구나
美目淸兮	아름다운 눈 맑기도 하네
儀旣成兮	예의 갖추고
終日射侯	종일 과녁 쏘아도
不出正兮	정곡에서 벗어나지 않으니
展我甥兮	정말 내 조카 일세
猗嗟孌兮	아아 잘 생겼구나
淸揚婉兮	맑은 눈 넓은 이마 곱기도 하네
舞則選兮	춤도 잘 추고
射則貫兮	쏘았다 하면 과녁 꿰뚫어
四矢反兮	네 대의 화살 거듭 맞추니
以禦亂兮	난리도 막아 내겠네

위 魏

칡 신 葛屨

분수 진펄 汾沮洳

동산에 복숭아나무 있어 園有桃

숲 우거진 산 올라가 陟岵

천 평 밭 사이 十畝之間

박달나무 찍어 伐檀

큰 쥐 碩鼠

葛屨　　칡 신

糾糾葛屨　　엉성하고 엉성한 칡 신이래도
可以履霜　　서리는 밟을 수 있어
摻摻女子　　가냘프고 가냘픈 여자 손이래도
可以縫裳　　치마는 꿰맬 수 있어
要之襋之　　허리 달고 옷깃 달아
好人服之　　고운 님 입히네

好人提提　　고운 님 점잖은 걸음걸이
宛然左辟　　공손히 왼편으로 비켜서기도 하고
佩其象揥　　상아 빗치개도 찼지만
維是褊心　　마음이 좁아
是以爲刺　　헐뜯기기도 한다네

汾沮洳　　분수 진펄

彼汾沮洳	분수 진펄에서
言采其莫	나물 캐는
彼其之子	저기 저 분
美無度	아름답기 헤아릴 수 없어
美無度	아름답기 헤아릴 수 없어
殊異乎公路	공로(公路)로서 사뭇 다르네
彼汾一方	분수 한 쪽에서
言采其桑	뽕 따는
彼其之子	저기 저 분
美如英	아름답기 꽃 같아
美如英	아름답기 꽃 같아
殊異乎公行	공행(公行)으로서 사뭇 다르네
彼汾一曲	분수 한 구석에서
言采其藚	쇠귀나물 뜯는
彼其之子	저기 저 분
美如玉	아름답기 구슬 같아
美如玉	아름답기 구슬 같아
殊異乎公族	공족(公族)으로서 사뭇 다르네

園有桃 동산에 복숭아나무 있어

園有桃	동산에 복숭아나무 있어
其實之殽	복숭아 따먹고
心之憂矣	마음에 근심 있으며
我歌且謠	노래 부르고 노래 불렀지
不知我者	나를 모르는 사람은
謂我士也驕	나더러 선비가 교만하다고
彼人是哉	저 사람은 바른데
子曰何其	당신은 왜 그러냐고
心之憂矣	마음의 근심을
其誰知之	그 누가 알겠는가
其誰知之	그 누가 알겠는가
蓋亦勿思	차라리 생각을 말아야지

園有棘	동산에 멧대추나무 있어
其實之食	대추 따먹고
心之憂矣	마음에 근심 있으며
聊以行國	그저 돌아다녔지
不知我者	나를 모르는 사람은
謂我士也罔極	나더러 선비가 방자하다고
彼人是哉	저 사람은 바른데
子曰何其	당신은 왜 그러냐고
心之憂矣	마음의 근심을
其誰知之	그 누가 알겠는가
其誰知之	그 누가 알겠는가
蓋亦勿思	차라리 생각을 말아야지

陟岵　　숲 우거진 산 올라가

陟彼岵兮	숲 우거진 산 올라가
瞻望父兮	아버지 계신 곳 바라보니
父曰嗟予子行役	아버지가 말씀 하시네 '아 내 아들 일 하느라
夙夜無已	밤낮으로 쉬지도 못하지
上愼旃哉	부디 조심하여
猶來無止	잡히지 말고 돌아와야 한다'
陟彼屺兮	민둥산 올라가
瞻望母兮	어머니 계신 곳 바라보니
母曰嗟予季行役	어머니가 말씀 하시네 '아 우리 막내 보초 서느라
夙夜無寐	밤낮으로 자지도 못하지
上愼旃哉	부디 조심하여
猶來無棄	버림받지 말고 돌아와야 한다'
陟彼岡兮	산등성이 올라가
瞻望兄兮	형님 계신 곳 바라보니
兄曰嗟予弟行役	형님이 말씀 하시네 '아 내 동생 싸울 때는
夙夜必偕	밤낮으로 꼭 함께하지
上愼旃哉	부디 조심하여
猶來無死	죽지 말고 돌아와야 한다'

전쟁터에 나간 병사가 고향의 부모형제를 그리워하며 노래한 시

十畝之間　　천 평 밭 사이

十畝之間兮	천 평 밭 사이
桑者閑閑兮	뽕따는 사람 한가롭고 한가롭네
行與子還兮	당신과 함께 돌아가고파
十畝之外兮	천 평 밭 바깥
桑者泄泄兮	뽕따는 사람 여유롭고 여유롭네
行與子逝兮	당신과 함께 떠나고파

전원으로 돌아가고 싶은 마음을 노래한 시

伐 檀　　박달나무 찍어

坎坎伐檀兮	쾅쾅 박달나무 찍어
寘之河之干兮	황하 가에 쌓으니
河水淸且漣猗	황하는 맑고 잔물결 이네
不稼不穡	심지도 않고 거두지도 않으면서
胡取禾三百廛兮	어떻게 벼 삼백전이나 거두어들이나
不狩不獵	겨울사냥도 않고 봄 사냥도 않으면서
胡瞻爾庭有縣貆兮	어떻게 그대 뜰에 담비가 걸린 게 보이나
彼君子兮	저기 군자여
不素餐兮	공밥은 먹지 않는다고 하던데
坎坎伐輻兮	쾅쾅 바퀴살 찍어
寘之河之側兮	황하 곁에 쌓으니
河水淸且直猗	황하는 맑고 곧게 흐르네
不稼不穡	심지도 않고 거두지도 않으면서
胡取禾三百億兮	어떻게 벼 삼백억이나 거두어들이나
不狩不獵	겨울사냥도 않고 봄 사냥도 않으면서
胡瞻爾庭有縣特兮	어떻게 그대 뜰에 큰 짐승이 걸린 게 보이나
彼君子兮	저기 군자여
不素餐兮	공밥은 먹지 않는다고 하던데

坎坎伐輪兮	쾅쾅 바퀴 찍어
寘之河之漘兮	황하 옆에 쌓으니
河水淸且淪猗	황하는 맑고 잔물결 이네
不稼不穡	심지도 않고 거두지도 않으면서
胡取禾三百囷兮	어떻게 벼 삼백균이나 거두어들이나
不狩不獵	겨울사냥도 않고 봄 사냥도 않으면서
胡瞻爾庭有縣鶉兮	어떻게 그대 뜰에 메추리가 걸린 게 보이나
彼君子兮	저기 군자여
不素飧兮	공밥은 먹지 않는다고 하던데

탐욕스런 벼슬아치를 비꼰 시

碩鼠　　큰 쥐

碩鼠碩鼠	큰 쥐야 큰 쥐야
無食我黍	내 기장 먹지 마라
三歲貫女	삼년이나 너를 섬겼는데
莫我肯顧	돌아보지도 않으니
逝將去女	너를 떠나
適彼樂土	저기 좋은 곳으로 가련다
樂土樂土	좋은 곳 좋은 곳
爰得我所	내 살 곳 있으리라

碩鼠碩鼠	큰 쥐야 큰 쥐야
無食我麥	내 보리 먹지 마라
三歲貫女	삼년이나 너를 섬겼는데
莫我肯德	은덕도 베풀지 않으니
逝將去女	너를 떠나
適彼樂國	저기 좋은 나라로 가련다
樂國樂國	좋은 나라 좋은 나라
爰得我直	내 곧게 살아가리라

碩鼠碩鼠　　큰 쥐야 큰 쥐야
無食我苗　　내 곡식 먹지 마라
三歲貫女　　삼년이나 너를 섬겼는데
莫我肯勞　　위로도 않으니
逝將去女　　너를 떠나
適彼樂郊　　저기 좋은 고장으로 가련다
樂郊樂郊　　좋은 고장 좋은 고장
誰之永號　　누가 오래도록 부르짖으랴

위정자를 원망하는 시

당 唐

귀뚜라미 蟋蟀

산에는 느릅나무 山有樞

느릿느릿 흐르는 물 揚之水

산초나무 椒聊

묶다 綢繆

우뚝 선 팥배나무 杕杜

염소 갖옷 羔裘

너새 깃 鴇羽

옷이 없겠습니까 無衣

우뚝한 팥배나무 有杕之杜

칡이 자라 葛生

감초 캐고 采苓

蟋蟀　　귀뚜라미

蟋蟀在堂　　귀뚜라미 마루에 드니
歲聿其莫　　이 해도 저무는구나
今我不樂　　지금 우리가 즐기지 않는다 해도
日月其除　　세월은 흘러가리라
無已大康　　그렇다고 너무 즐기지는 말고
職思其居　　집일도 생각해야지
好樂無荒　　즐기는 것도 좋지만 빠지면 안 되니
良士瞿瞿　　훌륭한 선비는 조심한다네

蟋蟀在堂　　귀뚜라미 마루에 드니
歲聿其逝　　이 해도 가는구나
今我不樂　　지금 우리가 즐기지 않는다 해도
日月其邁　　세월은 가리라
無已大康　　그렇다고 너무 즐기지는 말고
職思其外　　바깥일도 생각해야지
好樂無荒　　즐기는 것도 좋지만 빠지면 안 되니
良士蹶蹶　　훌륭한 선비는 삼간다네

蟋蟀在堂　　귀뚜라미 마루에 드니
役車其休　　수레 끄는 일도 쉬는구나
今我不樂　　지금 우리가 즐기지 않는다 해도
日月其慆　　세월은 지나가리라
無已大康　　그렇다고 너무 즐기지는 말고
職思其憂　　걱정거리도 생각해야지
好樂無荒　　즐기는 것도 좋지만 빠지면 안 되니
良士休休　　훌륭한 선비는 무리하지 않는다네

부지런히 일하고 즐기되 지나치지 않기를 바라는 시

山有樞　　산에는 느릅나무

山有樞	산에는 느릅나무
隰有楡	진펄에는 흰 느릅나무
子有衣裳	당신은 옷을 두고도
弗曳弗婁	걸치지도 않고 입지도 않네
子有車馬	당신은 말과 수레를 두고도
弗馳弗驅	달리지도 않고 몰지도 않네
宛其死矣	아마 죽고 나면
他人是愉	다른 사람이 기뻐할 텐데
山有栲	산에는 북나무
隰有杻	진펄에는 감탕나무
子有廷內	당신은 뜰을 두고도
弗洒弗埽	물 뿌리지도 않고 쓸지도 않네
子有鐘鼓	당신은 종과 북을 두고도
弗鼓弗考	치지도 않고 두드리지도 않네
宛其死矣	아마 죽고 나면
他人是保	다른 사람이 차지할 텐데

山有漆	산에는 옻나무
隰有栗	진펄에는 밤나무
子有酒食	당신은 술과 밥이 있는데
何不日鼓瑟	왜 날마다 거문고를 타지 않는가
且以喜樂	흥겹게 즐기면서
且以永日	하루해나 길게 늘이지
宛其死矣	아마 죽고 나면
他人入室	다른 사람이 방에 들어올 텐데

검소한 생활도 좋지만 인생도 즐기기를 바라는 노래

揚之水　　느릿느릿 흐르는 물

揚之水	느릿느릿 흐르는 물
白石鑿鑿	흰 돌이 뾰족뾰족 하네
素衣朱襮	흰 옷에 붉은 깃 달아
從子于沃	임 따르러 옥(沃)에 와서
旣見君子	서방님 뵈오니
云何不樂	어찌 좋지 않으랴
揚之水	느릿느릿 흐르는 물
白石皓皓	흰 돌이 하얗고 하얗네
素衣朱繡	흰 옷에 붉은 수놓아
從子于鵠	임 따르러 곡(鵠)에 와서
旣見君子	서방님 뵈오니
云何其憂	어찌 걱정 하랴
揚之水	느릿느릿 흐르는 물
白石粼粼	흰 돌이 부딪치고 부딪치네
我聞有命	명을 전해 듣고도
不敢以告人	함부로 남에게 말하지 않았다오

椒聊　　산초나무

椒聊之實　　산초나무 열매가
蕃衍盈升　　많이도 열려 한 됫박이나 땄다네
彼其之子　　저기 저 분은
碩大無朋　　너무나 뛰어나서 견줄 이 없다네
椒聊且　　산초나무야
遠條且　　가지를 멀리 뻗어라

椒聊之實　　산초나무 열매가
蕃衍盈匊　　많이도 열려 한 움큼이나 땄다네
彼其之子　　저기 저 분은
碩大且篤　　너무나 뛰어나고 인정도 많다네
椒聊且　　산초나무야
遠條且　　가지를 멀리 뻗어라

綢繆　　묶다

綢繆束薪　　땔나무 단을 묶으니
三星在天　　삼성이 하늘에 떠 있네
今夕何夕　　오늘 밤이 무슨 밤
見此良人　　이리도 좋은 사람을 만나다니
子兮子兮　　임이여 임이여
如此良人何　　이같이 좋은 사람 어떻게

綢繆束芻　　꼴단을 묶으니
三星在隅　　삼성이 모퉁이에 떠 있네
今夕何夕　　오늘 밤이 무슨 밤
見此邂逅　　이리도 우연히 만나다니
子兮子兮　　임이여 임이여
如此邂逅何　　이같이 우연히 만나다니 어떻게

綢繆束楚　　가시나무 단을 묶으니
三星在戶　　삼성이 문 위에 떠 있네
今夕何夕　　오늘 밤이 무슨 밤
見此粲者　　이리도 아름다운 사람을 만나다니
子兮子兮　　임이여 임이여
如此粲者何　　이같이 아름다운 사람 어떻게

杕 杜　　우뚝 선 팥배나무

有杕之杜	우뚝 선 팥배나무
其葉湑湑	잎이 우거지고 우거졌네
獨行踽踽	홀로 가는 길 외롭고 외로워
其無他人	어찌 다른 사람이 없겠냐마는
不如我同父	형제만 하겠는가
嗟行之人	아 길가는 사람들아
胡不比焉	어찌 동무해 주지 않나
人無兄弟	형제도 없는 사람을
胡不佽焉	어찌 도와주지도 않나
有杕之杜	우뚝 선 팥배나무
其葉菁菁	잎이 무성하고 무성하네
獨行睘睘	홀로 가는 길 쓸쓸하고 쓸쓸해
其無他人	어찌 다른 사람이 없겠냐마는
不如我同姓	피붙이만 하겠는가
嗟行之人	아 길가는 사람들아
胡不比焉	어찌 동무해 주지 않나
人無兄弟	형제도 없는 사람을
胡不佽焉	어찌 도와주지도 않나

羔 裘　　　염소 갖옷

羔裘豹袪	염소 갖옷에 표범가죽 소매
自我人居居	우리에게 껄끄럽게 구네
豈無他人	어찌 다른 사람이 없겠냐마는
維子之故	당신의 옛정 때문에
羔裘豹褎	염소 갖옷에 표범가죽 옷깃
自我人究究	우리에게 까탈지게 구네
豈無他人	어찌 다른 사람이 없겠냐마는
維子之好	당신을 좋아 했기에

鴇羽 　　너새 깃

肅肅鴇羽　　퍼덕퍼덕 너새가 깃을 치며
集于苞栩　　도토리나무 숲에 모여 드네
王事靡盬　　나라 일도 소홀히 할 수 없어
不能蓺稷黍　　찰기장 메기장을 심지 못했는데
父母何怙　　부모님은 누굴 믿고 사시나
悠悠蒼天　　아득하고 아득한 푸른 하늘이여
曷其有所　　어느 때에 고향으로 돌아갈 수 있으리이까

肅肅鴇翼　　퍼덕퍼덕 너새가 날개 치며
集于苞棘　　멧대추나무 숲에 모여 드네
王事靡盬　　나라 일도 소홀히 할 수 없어
不能蓺黍稷　　메기장 찰기장을 심지 못했는데
父母何食　　부모님은 무얼 잡수시나
悠悠蒼天　　아득하고 아득한 푸른 하늘이여
曷其有極　　어느 때에 나라 일 끝나리이까

肅肅鴇行　　퍼덕퍼덕 너새가 줄지어
集于苞桑　　뽕나무 숲에 모여 드네
王事靡盬　　나라 일도 소홀히 할 수 없어
不能蓺稻粱　　벼도 조도 심지 못했는데
父母何嘗　　부모님은 무얼 드시나
悠悠蒼天　　아득하고 아득한 푸른 하늘이여
曷其有常　　어느 때에 일상으로 돌아갈 수 있으리이까

無 衣 　　옷이 없겠습니까

豈曰無衣七兮	어찌 옷 일곱 벌이 없겠습니까마는
不如子之衣	당신 옷 같지가 않습니다
安且吉兮	편안하고 좋기가
豈曰無衣六兮	어찌 옷 여섯 벌이 없겠습니까마는
不如子之衣	당신 옷 같지가 않습니다
安且燠兮	편안하고 따뜻하기가

有杕之杜　　우뚝한 팥배나무

有杕之杜	우뚝한 팥배나무
生于道左	길 왼쪽에서 자라네
彼君子兮	저기 군자여
噬肯適我	즐거이 찾아 주신다면
中心好之	기꺼이
曷飮食之	언제나 음식을 낼게요

有杕之杜	우뚝한 팥배나무
生于道周	길모퉁이에서 자라네
彼君子兮	저기 군자여
噬肯來遊	즐거이 놀러 오신다면
中心好之	기꺼이
曷飮食之	언제나 음식을 낼게요

찾아주기를 갈망하는 여인의 노래

葛 生　　　칡이 자라

葛生蒙楚	칡이 자라 가시나무 뒤덮고
蘞蔓于野	거지덩굴 들로 뻗었네
予美亡此	내 님 없으니
誰與獨處	누구와 함께 하나 홀로 지내네
葛生蒙棘	칡이 자라 멧대추나무 뒤덮고
蘞蔓于域	거지덩굴 땅 끝으로 뻗었네
予美亡此	내 님 없으니
誰與獨息	누구와 함께 하나 홀로 쉬네
角枕粲兮	뿔 베개 예쁘고
錦衾爛兮	비단 이불 곱기도 하지만
予美亡此	내 님 없으니
誰與獨旦	누구와 함께 하나 홀로 지새네
夏之日	여름 날
冬之夜	겨울 밤
百歲之後	백년 뒤라도
歸于其居	그이 무덤 곁으로 돌아가고파

冬之夜	겨울 밤
夏之日	여름 날
百歲之後	백년 뒤라도
歸于其室	그이 무덤 속으로 돌아가고파

홀로 된 여인의 노래

采 苓　　감초 캐고

采苓采苓	감초 캐고 감초 캐네
首陽之巓	수양산 꼭대기에서
人之爲言	남들이 하는 말
苟亦無信	정말로 믿지 말고
舍旃舍旃	흘러버리소 흘러버리소
苟亦無然	정말 그렇다고 여기지 않는다면
人之爲言	남들이 하는 말
胡得焉	어찌 먹혀들 수 있겠소
采苦采苦	씀바귀 캐고 씀바귀 캐네
首陽之下	수양산 아래에서
人之爲言	남들이 하는 말
苟亦無與	정말로 따르지 말고
舍旃舍旃	흘러버리소 흘러버리소
苟亦無然	정말 그렇다고 여기지 않는다면
人之爲言	남들이 하는 말
胡得焉	어찌 먹혀들 수 있겠소

采苓采苓	순무 캐고 순무 캐네
首陽之東	수양산 동쪽에서
人之爲言	남들이 하는 말
苟亦無從	정말로 좇지 말고
舍旃舍旃	흘려버리소 흘려버리소
苟亦無然	정말 그렇다고 여기지 않는다면
人之爲言	남들이 하는 말
胡得焉	어찌 먹혀들 수 있겠소

참언(讒言)을 곧이듣지 말 것을 노래한 시

진 秦

車 鄰　　　수레 덜컹덜컹

有車鄰鄰　　수레 덜컹덜컹
有馬白顚　　말 이마엔 흰 점
未見君子　　서방님 아직 뵙지 못했으니
寺人之令　　내시에게 분부하리라

阪有漆　　　비탈엔 옻나무
隰有栗　　　진펄엔 밤나무
旣見君子　　서방님 뵙고
竝坐鼓瑟　　나란히 앉아 거문고 타네
今者不樂　　지금 즐기지 않는다면
逝者其耋　　세월 따라 늙어가리라

阪有桑　　　비탈엔 뽕나무
隰有楊　　　진펄엔 버드나무
旣見君子　　서방님 뵙고
竝坐鼓簧　　나란히 앉아 생황 부네
今者不樂　　지금 즐기지 않는다면
逝者其亡　　세월 따라 사라지리라

駟驖　　네 마리 검붉은 말

駟驖孔阜	네 마리 검붉은 말 크기도 큰데
六轡在手	여섯 줄 고삐 손에 쥐었네
公之媚子	나라님이 사랑하는 사람들
從公于狩	나라님 따라 겨울사냥 가네
奉時辰牡	몰이꾼들 제철 수 짐승 몰아오니
辰牡孔碩	제철 수 짐승 크기도 크네
公曰左之	나라님께서 '왼쪽으로' 하시고는
舍拔則獲	활을 쏘아 바로 잡으시네
遊于北園	북쪽 동산 놀이 갈 제
四馬其閑	네 마리 말 여유롭고
輶車鸞鑣	가벼운 수레 방울재갈 딸랑딸랑
載獫歇驕	사냥개들도 실려 가네

군주의 사냥 가는 모습을 노래한 시

小戎　　싸움수레

小戎俴收	싸움수레 얕은 뒤턱가로나무
五楘梁輈	다섯 군데 가죽으로 감은 끌채
游環脅驅	가죽고리 가죽 끈
陰靷鋈續	앞막이 판 가슴걸이 도금한 이음새
文茵暢轂	호랑이가죽 방석 긴 바퀴통
駕我騏馵	검푸른 말과 발목 흰 말이 끌었지
言念君子	그리운 서방님
溫其如玉	온후하기가 옥(玉)과 같은데
在其板屋	판자 집에 계신다니
亂我心曲	마음 속 뒤숭숭
四牡孔阜	네 마리 수말 크기도 큰데
六轡在手	여섯 줄 고삐 손에 쥐었네
騏駵是中	검푸른 말과 검은 갈기 붉은 말은 안에
騧驪是驂	주둥이 검은 말과 검은 말은 곁에
龍盾之合	용무늬 방패 합쳐 세우고
鋈以觼軜	고삐에 달린 고리는 도금 했었지
言念君子	그리운 서방님
溫其在邑	온후하신 분이 적진에 계신다니
方何爲期	언제 오시려나
胡然我念之	어찌 그리 생각나게 하시나요

俴駟孔郡	엷은 갑옷 입힌 네 마리 말 잘 어울리고
厹矛鋈錞	세모창 도금한 창고달
蒙伐有苑	깃털무늬 방패도 아름다웠지
虎韔鏤膺	호랑이가죽 활집 강철 가슴 띠
交韔二弓	엇갈리게 활집에 꽂힌 두 개의 활
竹閉緄縢	대나무 도지개는 노끈으로 묶어 놓았지
言念君子	그리운 서방님
載寢載興	자나 깨나 그립네
厭厭良人	점잖고 점잖으신 분
秩秩德音	말씀도 차근차근 하셨는데...

전쟁에 나간 남편을 그린 시

蒹葭　　갈대

蒹葭蒼蒼	갈대 우거지고 우거지니
白露爲霜	흰 이슬 서리되었네
所謂伊人	그 사람
在水一方	강 한쪽에 있다 길래
遡洄從之	거슬러 올라가자니
道阻且長	길이 험하고 멀어
遡游從之	따라 내려가자니
宛在水中央	물 가운데 어른어른
蒹葭凄凄	갈대 무성하고 무성하니
白露未晞	흰 이슬 마르지 않네
所謂伊人	그 사람
在水之湄	강가에 있다 길래
遡洄從之	거슬러 올라가자니
道阻且躋	길이 험하고 가팔라
遡游從之	따라 내려가자니
宛在水中坻	물 가운데 모래섬에 어른어른

蒹葭采采	갈대 빽빽하고 빽빽하니
白露未已	흰 이슬 멎지 않네
所謂伊人	그 사람
在水之涘	강기슭에 있다 길래
遡洄從之	거슬러 올라가자니
道阻且右	길이 험하고 치우쳐
遡游從之	따라 내려가자니
宛在水中沚	물 가운데 모래톱에 어른어른

終 南 　　종남산

終南何有	종남산에 무엇이 있나
有條有梅	유자나무 있고 매화나무 있지
君子至止	서방님 드시니
錦衣狐裘	비단 옷에 여우 갖옷
顏如渥丹	얼굴도 붉디붉어
其君也哉	나라님답네
終南何有	종남산에 무엇이 있나
有紀有堂	터 있고 집 있지
君子至止	서방님 드시니
黻衣繡裳	무늬저고리 수놓은 치마
佩玉將將	패옥소리 잘랑잘랑
壽考不忘	만수무강 하옵소서

군주를 기린 시

黃 鳥　　　꾀꼬리

交交黃鳥	오가며 날던 꾀꼬리
止于棘	멧대추나무에 앉네
誰從穆公	누가 목공을 따라 갔나
子車奄息	자거엄식이라네
維此奄息	이 엄식은
百夫之特	백 사람 중에서도 뛰어났지만
臨其穴	구덩이를 내려다보고는
惴惴其慄	벌벌 떨었으리라
彼蒼者天	푸른 하늘이여
殲我良人	훌륭하신 분을 죽이셔야 하나이까
如可贖兮	만일 바꿀 수만 있다면
人百其身	백 명이라도 대신하련만
交交黃鳥	오가며 날던 꾀꼬리
止于桑	뽕나무에 앉네
誰從穆公	누가 목공을 따라 갔나
子車仲行	자거중항이라네
維此仲行	이 중항은
百夫之防	백 사람도 당해내지만
臨其穴	구덩이를 내려다보고는
惴惴其慄	벌벌 떨었으리라
彼蒼者天	푸른 하늘이여
殲我良人	훌륭하신 분을 죽이셔야 하나이까
如可贖兮	만일 바꿀 수만 있다면
人百其身	백 명이라도 대신하련만

交交黃鳥	오가며 날던 꾀꼬리
止于楚	가시나무에 앉네
誰從穆公	누가 목공을 따라 갔나
子車鍼虎	자거침호라네
維此鍼虎	이 침호는
百夫之禦	백 사람도 감당하지만
臨其穴	구덩이를 내려다보고는
惴惴其慄	벌벌 떨었으리라
彼蒼者天	푸른 하늘이여
殲我良人	훌륭하신 분을 죽이셔야 하나이까
如可贖兮	만일 바꿀 수만 있다면
人百其身	백 명이라도 대신하련만

진나라 목공(穆公)이 죽었을 때 순사한 사람을 애통하게 여겨 노래한 시

晨 風　　송골매

鴥彼晨風	훨훨 송골매
鬱彼北林	울창한 북쪽 숲에서 나네
未見君子	서방님을 뵙지 못하니
憂心欽欽	시름이 끊이지 않네
如何如何	어찌하여 어찌하여
忘我實多	나를 그렇게 잊고 계시나요
山有苞櫟	산에는 더부룩한 상수리나무
隰有六駮	진펄에는 가래나무 느릅나무
未見君子	서방님을 뵙지 못하니
憂心靡樂	시름으로 즐겁지도 않네
如何如何	어찌하여 어찌하여
忘我實多	나를 그렇게 잊고 계시나요
山有苞棣	산에는 더부룩한 산앵두나무
隰有樹檖	진펄에는 돌배나무 심겨있네
未見君子	서방님을 뵙지 못하니
憂心如醉	시름에 술 취한 듯
如何如何	어찌하여 어찌하여
忘我實多	나를 그렇게 잊고 계시나요

無 衣　　　옷이 없다

豈曰無衣	어찌 옷이 없다 하오
與子同袍	당신과 웃옷을 같이 입겠소
王于興師	왕께서 군사를 일으키신다면
修我戈矛	짧은 창 긴 창 손질하여
與子同仇	당신과 한 짝이 되겠소

豈曰無衣	어찌 옷이 없다 하오
與子同澤	당신과 잠방이를 같이 입겠소
王于興師	왕께서 군사를 일으키신다면
修我矛戟	긴 창 삼지창 손질하여
與子偕作	당신과 함께 하겠소

豈曰無衣	어찌 옷이 없다 하오
與子同裳	당신과 치마를 같이 입겠소
王于興師	왕께서 군사를 일으키신다면
修我甲兵	갑옷과 병기를 손질하여
與子偕行	당신과 함께 가겠소

渭 陽　　위수 북쪽 기슭

我送舅氏	외삼촌을 배웅하려
曰至渭陽	위수 북쪽 기슭에 이르렀네
何以贈之	무엇을 드릴까
路車乘黃	수레 누른 말

我送舅氏	외삼촌을 배웅하니
悠悠我思	아련한 생각
何以贈之	무엇을 드릴까
瓊瑰玉佩	아름다운 패옥

진(秦)나라 강공(康公)이 망명해 있다가 돌아가는 외삼촌 중이 ≪진(晉)나라의 문공(文公)≫을 전송하며 노래한 시

權輿　권 세

於我乎	아 나에게
夏屋渠渠	큰 집이 넓고도 넓더니
今也每食無餘	지금은 끼니마다 빠듯하네
于嗟乎	아아
不承權輿	권세란 이어지지 않는 것을
於我乎	아 나에게
每食四簋	끼니마다 성찬이더니
今也每食不飽	지금은 끼니마다 배불리 먹지도 못하네
于嗟乎	아아
不承權輿	권세란 이어지지 않는 것을

진 陳

宛 丘　　　완 구

子之湯兮　　당신은 방탕하게
宛丘之上兮　　완구 위에서 노네요
洵有情兮　　정말 재미있는지
而無望兮　　바랄 바는 아니네요

坎其擊鼓　　덩더꿍 북 치며
宛丘之下　　완구 아래에서
無冬無夏　　겨울 여름 없이
値其鷺羽　　백로 깃 가지고 춤을 추네요

坎其擊缶　　덩더꿍 질장구 치며
宛丘之道　　완구 길에서
無冬無夏　　겨울 여름 없이
値其鷺翿　　백로 깃일산 가지고 춤을 추네요

놀기만 하는 사람들을 비난한 시

東門之枌　동문 흰 느릅나무

東門之枌	동문 흰 느릅나무
宛丘之栩	완구 상수리나무
子仲之子	자중씨 아들
婆娑其下	그 아래에서 너울너울 춤을 추네
穀旦于差	좋은 날 가려
南方之原	남쪽들에서
不績其麻	삼베길쌈은 하지 않고
市也婆娑	저자에서 너울너울 춤을 추네
穀旦于逝	좋은 날 놀이 갈 제
越以鬷邁	여럿이 가는데
視爾如荍	'그대를 보니 금규화 같다'하니
貽我握椒	내게 산초를 한 움큼 주네

이 시도 일은 하지 않고 놀기만 하는 사람들을 비꼰 시

衡 門　　누추한 집

衡門之下	누추한 집이지만
可以棲遲	살아갈 만하다네
泌之洋洋	샘물 졸졸 흘러 넘쳐
可以樂飢	주려도 즐거움은 있다네
豈其食魚	어찌 물고기를 먹는데
必河之魴	꼭 황하 방어라야 하나
豈其取妻	어찌 아내를 얻는데
必齊之姜	꼭 제나라 강 씨라야 하나
豈其食魚	어찌 물고기를 먹는데
必河之鯉	꼭 황하 잉어라야 하나
豈其取妻	어찌 아내를 얻는데
必宋之子	꼭 송나라 자 씨라야 하나

東門之池　　동문 연못

東門之池　　동문 연못
可以漚麻　　삼 담그는
彼美淑姬　　저 아름답고 착한 아가씨
可與晤歌　　마주보며 노래하고 싶네

東門之池　　동문 연못
可以漚紵　　모시 담그는
彼美淑姬　　저 아름답고 착한 아가씨
可與晤語　　마주보며 얘기하고 싶네

東門之池　　동문 연못
可以漚菅　　왕골 담그는
彼美淑姬　　저 아름답고 착한 아가씨
可與晤言　　마주보며 말하고 싶네

東門之楊 동문 버드나무

東門之楊 동문 버드나무
其葉牂牂 잎이 우거지고 우거졌네
昏以爲期 날 저물면 만나자더니
明星煌煌 샛별만 초롱초롱

東門之楊 동문 버드나무
其葉肺肺 잎이 무성하고 무성하네
昏以爲期 날 저물면 만나자더니
明星哲哲 샛별만 반짝반짝

墓門　　묘문

墓門有棘	묘문 멧대추나무
斧以斯之	도끼로 찍고 있네
夫也不良	나쁜 사람
國人知之	나라사람이 알건만
知而不已	알면서도 그만두지 않으니
誰昔然矣	옛날 그대로이네
墓門有梅	묘문 매화나무
有鴞萃止	올빼미가 모여 있네
夫也不良	나쁜 사람
歌以訊之	노래로 알려 주건만
訊予不顧	알려 줘도 나를 돌아보지 않으니
顚倒思予	엎어지고 넘어지면 내가 생각날 걸

防有鵲巢　　둑엔 까치집

防有鵲巢　　둑엔 까치집
邛有旨苕　　언덕에는 아름다운 능소화
誰侜予美　　누가 내 님 꾀어
心焉忉忉　　마음 애타게 하나

中唐有甓　　뜰 안엔 벽돌 길
邛有旨鷊　　언덕에는 아름다운 작은 풀
誰侜予美　　누가 내 님 꾀어
心焉惕惕　　마음 괴롭게 하나

月 出　　　달이 뜨다

月出皎兮　　달이 떠 환하니
佼人僚兮　　아름다운 사람 예쁜 얼굴
舒窈糾兮　　아리따운 모양
勞心悄兮　　마음 괴롭고 시름만

月出皓兮　　달이 떠 훤하니
佼人懰兮　　아름다운 사람 고운 얼굴
舒懮受兮　　다소곳한 모양
勞心慅兮　　마음 괴롭고 고달프기만

月出照兮　　달이 떠 비치니
佼人燎兮　　아름다운 사람 훤한 얼굴
舒夭紹兮　　어여쁜 모양
勞心慘兮　　마음 괴롭고 아프기만

株林　　주림

胡爲乎株林	주림에는 무엇하러
從夏南	하남을 좇아갔지
匪適株林	주림에 간 게 아니라
從夏南	하남을 좇아갔네
駕我乘馬	네 마리 말 수레 타고
說于株野	주림들에 머물고
乘我乘駒	네 마리 조랑말 수레 타고
朝食于株	주림에서 아침을 먹는다네

진나라 영공(靈公)이 대부 하숙경의 아내와 사통하는 것을 풍자한 시

澤陂　　못둑

彼澤之陂	저기 못 둑엔
有蒲與荷	부들과 연잎
有美一人	멋진 사람
傷如之何	애타지만 어떻게
寤寐無爲	자나 깨나 아무 것도 못하고
涕泗滂沱	눈물 콧물만 뚝뚝

彼澤之陂	저기 못 둑엔
有蒲與蕑	부들과 난초
有美一人	멋진 사람
碩大且卷	헌칠하게 잘도 생겨
寤寐無爲	자나 깨나 아무 것도 못하고
中心悁悁	마음 속 애만 태우네

彼澤之陂	저기 못 둑엔
有蒲菡萏	부들과 연꽃
有美一人	멋진 사람
碩大且儼	헌칠하고 의젓해
寤寐無爲	자나 깨나 아무 것도 못하고
輾轉伏枕	뒤척이다 베개에 얼굴 파묻네

회 檜

염소 갖옷 羔裘

흰 갓 素冠

진펄 장초 隰有萇礎

바람이 일어나서도 아니고 匪風

羔裘　　염소 갖옷

羔裘逍遙　　염소 갖옷 차림으로 거닐고
狐裘以朝　　여우 갖옷 차림으로 조회 받으시니
豈不爾思　　어찌 그대가 염려되지 않겠습니까
勞心忉忉　　애 쓰이고 걱정도 되는데

羔裘翱翔　　염소 갖옷 차림으로 왔다 갔다
狐裘在堂　　여우 갖옷 차림으로 공당(公堂)에 계시니
豈不爾思　　어찌 그대가 염려되지 않겠습니까
我心憂傷　　내 마음 근심으로 아프기도 한데

羔裘如膏　　염소 갖옷 기름이 자르르
日出有曜　　해가 뜨니 빛도 나지만
豈不爾思　　어찌 그대가 염려되지 않겠습니까
中心是悼　　마음 속 슬퍼지기도 하는데

군주를 걱정하며 노래한 시

素冠　　흰 갓

庶見素冠兮	흰 갓 쓴 이가 보고 싶어
棘人欒欒兮	야윈 사람 파리하고 파리하니
勞心慱慱兮	마음 괴롭고 걱정근심만
庶見素衣兮	흰 옷 입은 이가 보고 싶어
我心傷悲兮	가슴 아리고 슬퍼
聊與子同歸兮	그저 당신과 함께 돌아가고 싶어요
庶見素韠兮	흰 슬갑 찬 이가 보고 싶어
我心蘊結兮	가슴 막힌 듯 답답해
聊與子如一兮	그저 당신과 하나 되고 싶어요

隰有萇楚　　진펄 장초

隰有萇楚　　진펄 장초
猗儺其枝　　그 가지 보들보들
夭之沃沃　　싱그럽고 예쁘기도 해라
樂子之無知　　너는 아는 게 없어도 즐겁기만 하네

隰有萇楚　　진펄 장초
猗儺其華　　그 꽃 보들보들
夭之沃沃　　싱그럽고 예쁘기도 해라
樂子之無家　　너는 지아비가 없어도 즐겁기만 하네

隰有萇楚　　진펄 장초
猗儺其實　　그 열매 보들보들
夭之沃沃　　싱그럽고 예쁘기도 해라
樂子之無室　　너는 지어미가 없어도 즐겁기만 하네

匪 風　　바람이 일어나서도 아니고

匪風發兮　　바람이 일어나서도 아니고
匪車偈兮　　수레가 빨라서도 아닌데
顧瞻周道　　주나라 길 돌아보니
中心怛兮　　마음 속 슬퍼지네

匪風飄兮　　바람이 몰아쳐서도 아니고
匪車嘌兮　　수레가 빨라서도 아닌데
顧瞻周道　　주나라 길 돌아보니
中心弔兮　　마음 속 아파오네

誰能亨魚　　누가 물고기 삶고
溉之釜鬵　　가마솥 씻나
誰將西歸　　누가 서쪽으로 돌아가
懷之好音　　기쁜 소식 가져오나

회나라의 앞날을 걱정하며 노래한 시

조 曹

하루살이 蜉蝣

후인 候人

뻐꾸기 鳲鳩

샘물 흘러내려 下泉

蜉 蝣　　　하루살이

蜉蝣之羽　　　하루살이 깃
衣裳楚楚　　　옷이 곱고 곱네
心之憂矣　　　마음의 시름이여
於我歸處　　　아 내 돌아갈 곳은

蜉蝣之翼　　　하루살이 날개
采采衣裳　　　곱고 고운 옷
心之憂矣　　　마음의 시름이여
於我歸息　　　아 내 돌아갈 쉴 곳은

蜉蝣掘閱　　　하루살이 허물
麻衣如雪　　　눈 같은 삼베 옷
心之憂矣　　　마음의 시름이여
於我歸說　　　아 내 돌아갈 머물 곳은

候 人　　후 인

彼候人兮　저기 후인들은
何戈與祋　창과 몽치를 메고 있는데
彼其之子　저기 저 사람들
三百赤芾　붉은 무릎덮개한 사람은 삼백이나

維鵜在梁　사다새는 어량에서
不濡其翼　날개도 적시지 않는데
彼其之子　저기 저 사람들
不稱其服　관복이 걸맞지 않아

維鵜在梁　사다새는 어량에서
不濡其咮　부리도 적시지 않는데
彼其之子　저기 저 사람들
不遂其媾　총애가 걸맞지 않아

薈兮蔚兮　우거지고 우거진
南山朝隮　남산 아침 무지개
婉兮變兮　곱고 예쁘지만
季女斯飢　막내딸은 굶주리고 있으니...

득실거리는 조정 대신들과는 달리 피폐한 민중의 삶을 탄식한 노래

鳲鳩 뻐꾸기

鳲鳩在桑	뻐꾸기가 뽕나무에 앉았는데
其子七兮	그 새낀 일곱 마리
淑人君子	훌륭하신 서방님
其儀一兮	거동은 한결 같으니
其儀一兮	거동은 한결 같으니
心如結兮	마음도 맺어 놓은 듯

鳲鳩在桑	뻐꾸기가 뽕나무에 앉았는데
其子在梅	그 새낀 매화나무에
淑人君子	훌륭하신 서방님
其帶伊絲	띠는 명주실
其帶伊絲	띠는 명주실
其弁伊騏	고깔은 검푸른 걸로

鳲鳩在桑	뻐꾸기가 뽕나무에 앉았는데
其子在棘	그 새낀 멧대추나무에
淑人君子	훌륭하신 서방님
其儀不忒	거동에 어긋남이 없으니
其儀不忒	거동에 어긋남이 없으니
正是四國	사방 나라 바르게 하시리라

鳲鳩在桑	뻐꾸기가 뽕나무에 앉았는데
其子在榛	그 새낀 개암나무에
淑人君子	훌륭하신 서방님
正是國人	나라 사람 바르게 하시니
正是國人	나라 사람 바르게 하시니
胡不萬年	어찌 만년인들 아니 가랴

下 泉 　　샘물 흘러내려

冽彼下泉 　찬 샘물 흘러내려
浸彼苞稂 　더부룩한 강아지풀 적시네
愾我寤嘆 　휴 하고 깨어나 한숨 쉬며
念彼周京 　주나라 서울 생각하네

冽彼下泉 　찬 샘물 흘러내려
浸彼苞蕭 　더부룩한 쑥을 적시네
愾我寤嘆 　휴 하고 깨어나 한숨 쉬며
念彼京周 　서울 주나라 생각하네

冽彼下泉 　찬 샘물 흘러내려
浸彼苞蓍 　더부룩한 시초풀 적시네
愾我寤嘆 　휴 하고 깨어나 한숨 쉬며
念彼京師 　서울 벼슬아치 생각하네

芃芃黍苗 　빽빽이 자란 기장 싹
陰雨膏之 　궂은비에 살찌네
四國有王 　사방 나라에 왕이 계시지만
郇伯勞之 　순백께서 위로 하시네

빈 豳

七 月   칠 월

七月流火	칠월 화성이 내려가면
九月授衣	구월 겨울옷 장만 하네
一之日觱發	동짓달 찬바람 일고
二之日栗烈	섣달 추위 매서우니
無衣無褐	옷이 없고 털옷이 없다면
何以卒歲	어떻게 해를 나나
三之日于耜	정월 보습 손질
四之日擧趾	이월 밭갈이
同我婦子	아내가 자식들과 함께
饁彼南畝	남쪽 이랑으로 들밥 내오면
田畯至喜	권농관도 와서 기뻐한다네
七月流火	칠월 화성이 내려가면
九月授衣	구월 겨울옷 장만 하네
春日載陽	봄볕 따뜻하고
有鳴倉庚	꾀꼬리 울면
女執懿筐	아가씨는 예쁜 바구니 들고
遵彼微行	오솔길 따라
爰求柔桑	여린 뽕잎 따러 간다네
春日遲遲	봄날은 더디고 더디
采蘩祁祁	쑥도 많이 캐지만
女心傷悲	아가씨 마음은 슬퍼
殆及公子同歸	아마 지체 높은 아드님께 시집가고파

七月流火	칠월 화성이 내려가면
九月授衣	구월 겨울옷 장만 하네
蠶月條桑	누에치는 달 뽕나무가지 치고
取彼斧斨	도끼 가져다
以伐遠揚	멀리 뻗은 가지 베고
猗彼女桑	부드러운 뽕잎만 딴다네
七月鳴鵙	칠월 왜가리 울면
八月載績	팔월 길쌈하여
載玄載黃	검고 노란색으로 물들이고
我朱孔陽	붉디붉은 것은
爲公子裳	지체 높은 아드님 옷 짓는다네
四月秀葽	사월 애기풀 패고
五月鳴蜩	오월 쓰르라미 우네
八月其穫	팔월 추수하니
十月隕蘀	시월 낙엽 지네
一之日于貉	동짓달 오소리 사냥 가서
取彼狐貍	여우 너구리 잡아오면
爲公子裘	지체 높은 아드님 갖옷 짓고
二之日其同	섣달에는 함께
載纘武功	무공도 쌓고
言私其豵	작은 돼지는 자기가
獻豜于公	큰 돼지는 나라님께 바친다네

五月斯螽動股	오월 메뚜기 뛰고
六月莎雞振羽	유월 베짱이 우네
七月在野	칠월엔 들
八月在宇	팔월엔 처마
九月在戶	구월엔 문간
十月蟋蟀入我牀下	시월 되니 귀뚜라미 침상아래 드네
穹窒熏鼠	연기 피워 쥐구멍 막고
塞向墐戶	북쪽 창 막고 문틈마다 진흙 바른다네
嗟我婦子	아 여보 애들아
曰爲改歲	해가 바뀌니
入此室處	방에 들어가 지내자구나

六月食鬱及薁	유월 산앵도와 머루 먹고
七月亨葵及菽	칠월 아욱과 콩을 삶네
八月剝棗	팔월 대추 털고
十月穫稻	시월 벼 거두어
爲此春酒	봄 술 담아
以介眉壽	장수를 도운다네
七月食瓜	칠월 오이 먹고
八月斷壺	팔월 박 타며
九月叔苴	구월 삼씨 줍고
采荼薪樗	씀바귀 뜯고 땔나무 해놓아야
食我農夫	우리네 농부들 먹고 살 수 있지

九月築場圃	구월 채소밭 다져 타작마당 만들고
十月納禾稼	시월 벼 거두어들이며
黍稷重穋	늦고 이른 기장
禾麻菽麥	벼 삼 콩 보리
嗟我農夫	아 우리네 농부들아
我稼旣同	우리 농사도 함께 지었으니
上入執宮功	올라가 집일도 하세나
晝爾于茅	낮에는 띠 풀 베고
宵爾索綯	밤에는 새끼 꼬아
亟其乘屋	빨리 지붕 이어 세
其始播百穀	봄 오면 온갖 씨앗도 뿌려야 하니

二之日鑿冰冲冲	섣달 얼음 쿵쿵 깨어
三之日納于凌陰	정월 빙고(氷庫)에 넣어 두었다가
四之日其蚤	이월 초하루 아침
獻羔祭韭	염소와 부추로 제사 지내고
九月肅霜	구월 찬 서리 내리면
十月滌場	시월 마당 깨끗이 쓸어
朋酒斯饗	두동이 술로 잔치 베풀고
日殺羔羊	그날 염소 양 잡아
躋彼公堂	공당(公堂)에 올라가
稱彼兕觥	외뿔 소 잔 들고
萬壽無疆	만수무강 빈다네

鴟鴞　　올빼미

鴟鴞鴟鴞	올빼미야 올빼미야
旣取我子	내 새끼 잡아먹었으니
無毁我室	내 집은 헐지 마라
恩斯勤斯	사랑하고 정든
鬻子之閔斯	어린 새끼가 가엾구나
迨天之未陰雨	궂은 비 오기 전에
徹彼桑土	뽕나무 뿌리 벗기다
綢繆牖戶	창문 얽었으니
今女下民	이제 너희 백성들이
或敢侮予	감히 나를 얕보겠느냐
予手拮据	내 손수 일하고 일했지
予所捋荼	내가 물억새이삭 뽑아다
予所蓄租	내가 쌓고 쌓다가
予口卒瘏	내 입마저 병든 것은
曰予未有室家	내 집이 없었기 때문
予羽譙譙	내 깃 째지고 째지고
予尾翛翛	내 꼬리 찢어지고 찢어지고
予室翹翹	내 둥지는 위태위태
風雨所漂搖	비바람에 흔들리니
予維音嘵嘵	나는 두렵고 두려워 짹짹

東 山　　동 산

我徂東山	나는 동산 가서
慆慆不歸	오랫동안 돌아오지 못하다가
我來自東	동산에서 올 제
零雨其濛	부슬부슬 비가 내렸지
我東曰歸	동산에선 '돌아가고 싶어'
我心西悲	내 마음 서쪽만 보면 슬펐지
制彼裳衣	평상복 지어 입으면
勿士行枚	나무막대 물고 걷는 일은 하지 않으리라 했지
蜎蜎者蠋	꿈틀꿈틀 뽕나무 벌레
烝在桑野	뽕밭에 있고
敦彼獨宿	웅크리고 홀로 잠들 땐
亦在車下	수레 밑이었지
我徂東山	나는 동산 가서
慆慆不歸	오랫동안 돌아오지 못하다가
我來自東	동산에서 올 제
零雨其濛	부슬부슬 비가 내렸지
果臝之實	하늘타리 열매
亦施于宇	처마까지 뻗었고
伊威在室	방안엔 쥐며느리
蠨蛸在戶	문에는 갈거미
町畽鹿場	마당은 사슴놀이터
熠燿宵行	반딧불 반짝거리는 밤길도
不可畏也	두렵지 않고
伊可懷也	그립기만 했지

我徂東山	나는 동산 가서
慆慆不歸	오랫동안 돌아오지 못하다가
我來自東	동산에서 올 제
零雨其濛	부슬부슬 비가 내렸지
鸛鳴于垤	황새는 개밋둑에서 울고
婦嘆于室	아내는 방에서 한숨지으며
洒掃穹窒	청소하고 쥐구멍 막고 있었지
我征聿至	내가 출정에서 마침내 돌아오니
有敦瓜苦	주렁주렁 쓴 오이
烝在栗薪	밤나무 땔감 위에 있네
自我不見	우리가 못 본지도
于今三年	어느덧 삼년

我徂東山	나는 동산 가서
慆慆不歸	오랫동안 돌아오지 못하다가
我來自東	동산에서 올 제
零雨其濛	부슬부슬 비가 내렸지
倉庚于飛	꾀꼬리 푸드득
熠燿其羽	그 깃 곱기도 곱네
之子于歸	그 사람 시집 올 때
皇駁其馬	좋은 얼룩말 타고
親結其縭	어머니께서 향주머니도 매어 주었지
九十其儀	의식도 가지가지
其新孔嘉	신혼 땐 매우 아름다웠는데
其舊如之何	그 세월 어찌하랴

破 斧　　도끼는 깨지고

既破我斧　내 도끼는 깨지고
又缺我斨　또 내 작은 도끼도 망가졌지만
周公東征　주공께서 동쪽 정벌하시어
四國是皇　사방 나라 바로잡으셨으니
哀我人斯　우리 백성 불쌍히 여기심이
亦孔之將　매우 크셨다네

既破我斧　내 도끼는 깨지고
又缺我錡　또 내 끌도 망가졌지만
周公東征　주공께서 동쪽 정벌하시어
四國是吪　사방 나라 교화하셨으니
哀我人斯　우리 백성 불쌍히 여기심이
亦孔之嘉　매우 아름다웠다네

既破我斧　내 도끼는 깨지고
又缺我銶　또 내 끌마저 망가졌지만
周公東征　주공께서 동쪽 정벌하시어
四國是遒　사방 나라 굳건히 하셨으니
哀我人斯　우리 백성 불쌍히 여기심이
亦孔之休　매우 훌륭하셨다네

伐柯　　도끼자루 베려면

伐柯如何	도끼자루 베려면 어떻게 하지
匪斧不克	도끼 아니면 안 되지
取妻如何	아내 얻으려면 어떻게 하지
匪媒不得	중매쟁이 없으면 안 되지
伐柯伐柯	도끼자루 베고 도끼자루 베니
其則不遠	그 본이 멀리 있는 게 아니었네
我覯之子	내 님 만났으니
籩豆有踐	예를 갖추어 맞이하리라

九 罭　　　촘촘한 그물

九罭之魚　　촘촘한 그물에 걸린 물고기
鱒魴　　송어 방어
我覯之子　　우리 님 만나 뵈오니
袞衣繡裳　　곤룡포에 수놓은 치마

鴻飛遵渚　　큰기러기 날아와 물가에 노니네
公歸無所　　나리께서 돌아가실 곳 없겠느냐마는
於女信處　　그대에게 이틀 밤 머무신 거라네

鴻飛遵陸　　큰기러기 날아와 뭍에서 노니네
公歸不復　　나리께서 돌아가시면 다시는 못 오시기에
於女信宿　　그대에게 이틀 밤 묵으신 거라네

是以有袞衣兮　　곤룡포 입으신 이여
無以我公歸兮　　우리 나리 돌아가지 마세요
無使我心悲兮　　우리 마음 슬프게 하지 마세요

잠시 머물다 떠나는 주공(周公)을 기린 시

狼跋　　이리가 밟고

狼跋其胡	이리가 제 턱밑살 밟고
載疐其尾	제 꼬리 밟아 넘어지네
公孫碩膚	나리께선 너무나 훌륭하시니
赤舃几几	붉은 신도 점잖고 무게 있어 뵈네
狼疐其尾	이리가 제 꼬리 밟아 넘어지고
載跋其胡	제 턱밑살 밟네
公孫碩膚	나리께선 너무나 훌륭하시니
德音不瑕	좋은 평판 흠잡을 데 없네

주공(周公)을 기린 시

• • 시경지도 • •

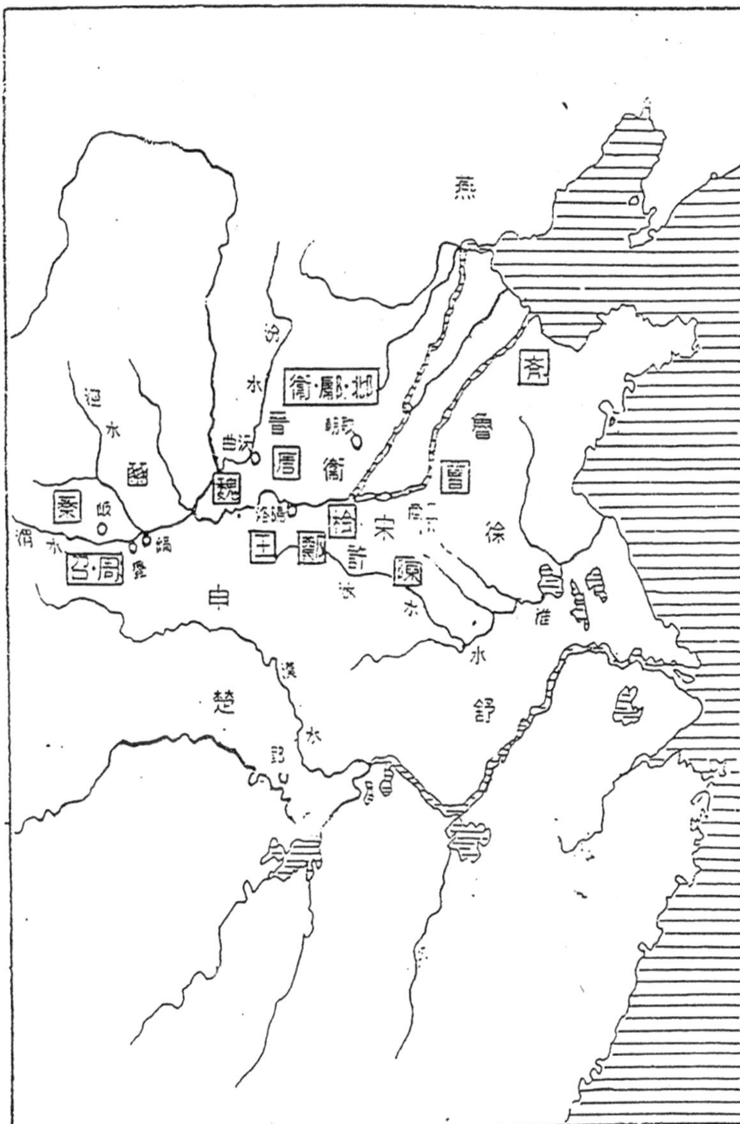

周　　南

우(虞)나라와 하(夏)나라 때 기(棄)라는 사람이 후직(后稷 농사일을 관장하는 관리)이 되어 태(邰 지금의 섬서성 무공현)에 봉(封)해지니 이가 곧 주(周)나라의 시조이다. 그 뒤 그의 4세손인 공류(公劉)가 빈(豳)에 도읍을 정하고 13세손인 고공단보(古公亶父) 때 도읍을 기산(岐山)의 남쪽 주(周)로 옮겼다. 고공단보의 손자인 문왕(文王)이 주(周)에서 풍(豐)으로 다시 도읍을 옮기면서 주(周)를 나누어 주공 단(周公 旦)과 소공 석(召公 奭)으로 하여금 다스리게 했다. 주남(周南)은 바로 주공 단(周公 旦)의 채읍(采邑)이다.

關 雎 ………………… 22

關 새우는 소리 관　雎 징경이(물수리) 저　鳩 비둘기 구　之 어조사(갈) 지　洲 섬 주　窈 얌전할(그윽할) 요　窕 조용할 조　淑 착할(맑을) 숙　君子 ①학식과 덕행이 높은 사람 ②예전에 벼슬이 높은 사람을 일컫던 말 ③예전에 아내가 남편을 일컫던 말　逑 짝 구　參 가지런하지 않을 (간여할)참　差 들쭉날쭉할 치{어긋날 차}　荇 마름(물풀) 행　菜 나물 채　流 구할(흐를) 류[찾아 얻음]　寤 깰 오　寐 잠잘 매　服 생각할(옷) 복　悠 생각할(멀) 유　輾 구를 전　轉 구를 전　側 기울(곁) 측　采 캘 채　琴 거문고 금　瑟 큰

거문고 슬 芼 뽑을 모 鍾 종 종 鼓 북 고 樂 즐길 락

葛覃 ……………… 24

葛 칡 갈 覃 뻗을 담 兮 어조사 혜 施 옮길 이{베풀 시} 于 어조사 우 維 발어사(바, 밧줄) 유 萋 우거질 처 集 이를(모일) 집 灌 더부룩이 날(물 댈)관 灌木 떨기나무 喈 새소리 개 莫 무성할(없을) 막 刈 벨 예 濩 삶을 확{퍼질 호} 絺 가는(고운) 칡베 치 綌 굵은(거친)칡베 격 斁 싫어할 역{섞을 두} 言 어조사(말씀) 언 師 스승 사 薄 어조사(엷을 잠깐) 박 汚 빨(더러울) 오 澣 빨 한 害 어느 할{해칠 해} 寧 문안할(편안할) 녕

卷耳 ……………… 25

卷 두루마리 권 耳 귀 이 卷耳 도꼬마리(국화과의 일년초) 盈 찰 영 頃 기울 경 筐 광주리 광 寘 둘 치 周行 주나라의 국도(큰길) 陟 오를 척 崔 높을 최 嵬 높을 외 虺 비루먹을 회{살무사 훼} 隤 고달플 퇴 虺隤 병들어 쇠약함 姑 잠시(시어미 고모) 고 酌 따를 작 罍 술그릇(술독)뢰 金罍 청동술잔 岡 산등성이 강 兕 외뿔 소 시 觥 뿔잔 굉 砠 돌산 저 瘏 앓을 痡 앓을 부 吁 탄식할 우

樛木 ……………… 26

樛 늘어져 휠 규 藟 덩굴풀 류 纍 얽힐 루{류} 只 어조사 지 履 복(신)리 綏 편안할 수 荒 덮을(거칠) 황 將 도울(장차) 장 縈 얽힐 영 福祿 타고난 복과 벼슬아치의 봉록

螽斯 ……………… 27

螽 메뚜기 종 斯 어조사 사 詵 많을 선 振 성할(떨칠) 진 薨 메뚜기떼로나는소리 횡{죽을 훙} 繩 이을(줄, 새끼) 승 揖 모일 집{절 읍} 蟄 우물거릴(겨울잠 자는 벌레) 칩 蟄蟄사이좋게 모이는 모양

桃夭 ……………… 28

桃 복숭아나무 도 夭 예쁠(어릴) 요 夭夭 젊고 아름다운 모양 灼 꽃활짝필(사를) 작 宜 화목할(마땅히) 의 蕡 열매많을 분 蓁 우거질 진

兎罝 ……………… 29

兎 토끼 토 肅 정제할(가지런할) 숙 罝 그물 저 椓 칠 탁 武 굳셀 무 赳 헌걸찰 규 干 방패 간 丁丁 말뚝치는소리 干城 나라를 지키는 군인 逵 길거리 규 仇 짝 구

芣苢 ……………… 30

芣 질경이 부 苢 질경이 이 薄 발어사 박 言 어조사 언 有 또(있을) 유 掇 주을 철 捋 뽑을 랄 袺 옷섶잡을 결 襭 옷자락걷을 힐

漢廣 ……………… 31

漢 물이름 한 廣 넓을 광 喬 높을 교 思 어조사(생각할) 사 泳 헤엄칠 영 方 뗏목(모) 방 翹 우뚝우뚝할(꼬리 긴 깃털)교

錯 섞일 착　薪 땔나무 신　刈 벨 예　楚 회초리 초　秣 말먹이(꼴) 말　蔞 물쑥 루　駒 망아지 구

汝 墳 ………………… 33

汝 물이름 여　墳 둑(무덤) 분　遵 따라갈(좇을) 준　條 가지 조　枚 줄기 매　惄 허출할 녁　調 아침 주{고를 조}　肄 움(익힐) 이 [벤 자리엔 난 싹]　遐 멀 하　棄 버릴 기　魴 방어 방　赬 붉을 정　燬 탈 훼　孔 매우(구멍) 공　邇 가까울 이

麟之趾 ………………… 34

麟 기린 린　趾 발지　振 무던할(떨칠) 진　振振 인후한 모양　于 탄식할(어조사) 우　嗟 탄식할 차　定 이마(정할) 정

召　南

주남 해설 참조

鵲 巢 ………………… 36

鵲 까치 작　巢 새집 소　兩 수레(두) 량　御 맞을 아{어거할 어}　方 가질(모) 방　將 보낼(장차) 장　成 우거질(이룰) 성

采 蘩 ………………… 37

蘩 흰 쑥 번　于 발어사(어조사) 우　沼 못(늪) 소　沚 물가 지

澗 시내 간　被 머리꾸밀(이불) 피　僮 조심할(아이) 동　祁 조용할(성할) 기

草 蟲 ………………… 38

草 풀 초　蟲 벌레 충　喓 벌레소리 요　趯 뛸 적　阜 언덕 부　螽 메뚜기 종　阜螽 메뚜기　忡 근심할 충　覯 만나 구　降 가라앉을 항{내릴 강}　陟 오를 척　惙 근심할 철　說 기쁠 열 {말씀 설}　止 어조사(발) 지　薇 고비 미　夷 안온할(오랑캐) 이

采 蘋 ………………… 39

蘋 개구리밥 빈　濱 물가 빈　藻 마름 조　潦 길바닥물 료　盛 담을 성　筐 네모진광주리 광　筥 둥근광주리 거　湘 삶을(강 이름) 상　錡 세발가마솥 기　釜 가마솥(큰솥) 부　奠 올릴 전　牖 들창 유　尸 주장할(주검) 시　齋 재계할 재

甘 棠 ………………… 40

甘 달 감　棠 팥배나무 당　甘棠 팥배나무　蔽 덮을 폐　芾 더부룩할 비{우거질 불}　翦 자를 전　茇 풀집 발　敗 부술(깨뜨릴) 패　憩 쉴 게　拜 굽힐(절) 배　說 머무를(달랠) 세

行 露 ………………… 41

露 이슬 로　厭 젖을 읍{싫어할 염}　浥 젖을 읍　夙 일찍 숙　雀 참새 작　穿 뚫을 천　屋 지붕(집) 옥　速 부를(빠를) 속　獄 판결(감옥) 옥　鼠 쥐 서　牙 어금니 아　墉 담 용　訟 송사 송

羔 羊 ………………… 42

羔 새끼 양 고 羔羊 양새끼 紽 타래 타 退 물러날 퇴 委 든든할(맡길) 위 蛇 구불구불갈 이{뱀 사} 委蛇 마음이 여유가 있고 침착한 모양 皮 가죽 피[털이 붙어 있는 가죽] 緎 꿰맬 역 革 가죽 혁[털을 벗긴 날가죽] 縫 솔기 봉[옷의 꿰맨 줄]봉

殷其靁 ………………… 43

殷 천둥소리(성할) 은 靁 천둥 뢰 違 갈(어길) 위 遑 겨를(허둥거릴) 황 側 곁 측 處 머무를(살) 처

摽有梅 ………………… 44

摽 칠(떨어질) 표 梅 매화나무 매 迨 미칠 태 塈 담을 기 謂 이를 위

小 星 ………………… 45

嘒 반짝거릴 혜 肅 나아갈 숙 肅肅 급한 모양 宵 밤 소 寔 진실로(이) 식 命 운수(목숨) 명[팔자] 參 별자리이름(석) 삼 昴 별자리이름 묘 衾 이불 금 裯 홑이불 주

江有汜 ………………… 46

汜 물갈라졌다도로합할(지류) 사 其 어조사(그) 기 悔 뉘우칠 회 渚 모래섬(물가) 저 沱 물이갈래질 타 過 들를(지날) 과 嘯 휘파람(울부짖을) 소

野有死麕 ………………… 47

麕 노루 균　茅 띠 모　懷 품을 회　誘 꾈 유　樸 더부룩하게날 복{통나무 박}　樕 덤불(떡갈나무) 속　純 묶을 돈{생사 순수할 순} 舒 천천히(펼) 서　脫 더딜 태{벗을 탈}　感 흔들(느낄) 감　帨 수건 세[허리에 차는 수건]　尨 삽살개 방　吠 짖을 폐

何彼襛矣 ………………… 48

何 어찌(무엇) 하　襛 꽃나무 무성할 농　矣 어조사 의　棣 산앵도나무 체　唐棣 산앵도나무　曷 어찌(어느 때에) 갈　肅 엄숙할 숙 雝 화락할 옹　姬 아씨 희　桃 복숭아나무 도　李 오얏나무(자두나무) 리　釣 낚시 조　伊 어조사 이　緡 낚싯줄 민

騶 虞 ………………… 49

騶 마부(말먹이는 사람) 추　虞 벼슬아름(헤아릴) 우　騶虞 군주의 사냥터를 관리하는 벼슬아치　茁 싹틀 촬{풀 처음 나는 모양 줄} 葭 갈대 가　豝 암돼지 파　蓬 쑥 봉　豵 돼지 새끼 종

邶

주(周)나라 무왕(武王)은 은(殷)나라를 쳐부순 뒤 주왕(紂王)의 아들 무경(武庚)에게 은나라 땅을 다스리며 조상의 제사를 받들게 하였다. 그리고는 땅을 셋으로 나누어 아우 관숙(管叔), 채숙(蔡叔), 곽숙(霍叔)에게 감독하도록 한 곳이다. 패(邶)는 은허(殷墟)라고 하

는 지금의 하남성 기현 동북쪽의 북쪽이다. 그리고 남쪽은 용(鄘)이라 했고 동쪽은 위(衛)라 했다

栢 舟 ·················· 52

栢 잣나무 백 舟 배 주 汎 뜰 범 耿 편안치않을(빛날) 경 隱 속걱정할(숨길) 은 微 아닐(작을) 미 敖 놀 오 匪 아닐 비 鑒 거울 감 茹 헤아릴 여 據 의거할 거 愬 하소연할 소 逢 만날 봉 怒 성낼 노 轉 구를 전 席 자리 석 卷 말 권 威 거동(위엄) 위 儀 거동 의 棣 익숙할 태[위의가 있는 모양] 選 가릴 선 憔 근심할(수척할) 초 慍 성낼 온 群 무리 군 覯 만날 구 閔 우환(번민할) 민 受 받을 수 侮 업신여길 모 辟 가슴칠(임금) 벽 摽 칠 표 居 어조사(있을) 거 諸 어조사(모든) 제 胡 어찌 호 迭 갈마들 질 微 쇠할 미 澣 빨 한 奮 떨칠 분

綠 衣 ·················· 54

綠 초록빛 록 裏 안(속) 리 曷 어느 때에(언제) 갈 已 그칠(이미) 이 裳 치마 상 亡 잃을(없어질) 망 絲 실 사 俾 하여금 비 訧 허물 우 絺 가는 칡베 치[고운 베 옷] 綌 굵은 칡베 격[거친 베 옷] 凄 찰(쓸쓸할) 처 獲 얻을 획

燕 燕 ·················· 55

燕 제비 연 差 어긋날 치{차} 池 섞바꿔날(못) 지 送 보낼 송 瞻 볼 첨 望 바라볼 망 泣 눈물(울) 읍 頡 날아올라갈 힐 頏 내려갈 항 將 보낼 장 佇 우두커니 저 勞 괴로워할(일할) 로

仲 버금 중 任 미쁠(맡길) 임 塞 진실로(막힐) 색{변방 새} 淵 깊을(못) 연 「終...且...」는 「...하고도...하다」 惠 순할(은혜) 혜 愼 삼가 신 勗 권면할(힘쓸) 욱

日 月 ………………… 57

照 비출 조 臨 임할 림 乃 어조사(이에) 내 逝 발어사(갈) 서 胡 어찌 호 定 정할 정 寧 어조사(편안할) 녕 顧 돌아볼 고 冒 가릴 모 報 대답(갚을) 보 忘 잊을 망 畜 받아들일(쌓을) 축 卒 마칠 졸 述 말할(지을 이을) 술

終 風 ………………… 59

暴 사나울 포 謔 농할 학 浪 함부로(물결) 랑 謔浪 농짓거리 敖 거만할(놀) 오 悼 슬퍼할 도 霾 흙비 매 肯 즐거이할 긍 悠 멀 유 曀 음산할 예{에} 有 또(있을) 유 嚏 재채기 체 曀曀 날이 흐려 어두운 모양 虺 우뢰소리(살무사) 훼 靁 천둥(우뢰) 뢰 願 주자는 생각이란 뜻으로 봄 ≪朱子의 詩經集傳 이하 集傳이라 함≫

擊 鼓 ………………… 60

擊 칠 격 鏜 북소리 당 國 나라(서울) 국 漕 땅이름 조 忡 근심할 충 契 소원할 결{맺을 계} 闊 멀(트일) 활 契闊 오랫동안 만나지 못함 執 잡을 집 偕 함께 해 洵 멀(참으로) 순 凱 화할(즐길) 개

凱 風 ………………… 62

凱風 남풍 마파람 吹 불 취 棘 멧대추나무 극 夭 예쁠(어릴 무성할)요 夭夭 어리고 예쁜 모양. 무성하게 잘 자라는 모양 劬 힘쓸(수고로울) 구 劬勞 자식을 낳아 기르는 수고 令 착할(영) 령 寒泉 샘물이름 浚 깊을 준[여기서는 읍 이름] 睍 고울(불거진 눈) 현 睆 고울(눈 우묵할) 완 好 아름다울(좋을) 호 慰 위로할 위

雄 雉 ………………… 63

雄 수컷 웅 雉 꿩 치 泄 날개칠 예{샐 설} 詒 줄 이 阻 허덕거릴(험할) 조 展 진실로(펼) 전 忮 해칠 기 臧 착할 장

匏有苦葉 ………………… 64

匏 박 포 苦 쓸 고 濟 나루(건널) 제 涉 건널 섭 厲 옷 입고 물 건널(갈) 려 揭 옷 걷고 물 건널(들) 게 瀰 물가득할 미 鷕 암꿩우는소리(울) 요 濡 젖을 유 軌 바퀴굴대(길) 궤 牡 수컷 모 雝雝 기러기의 화락한 울음소리 旭 해뜰(아침 해) 욱 旦 아침 단 迨 미칠 태 泮 녹을 반 招 부를 초 卬 나 앙 須 기다릴(모름지기) 수 *옛 혼례에는 얼음이 녹기 전에 채납과 청기를 한다.

谷 風 ………………… 65

谷風 동풍이라고도 함 習 슬슬불(익힐) 습 黽 힘쓸 민 勉 힘쓸 면 宜 옳을(마땅할) 의 葑 순무 봉 菲 무우 비 遲 더딜 지 違 원망할(어길) 위 邇 가까울 이 薄 박할 박[인정이 없음] 畿 문안 기 荼 씀바귀 도 薺 냉이 제 宴 즐길(잔치) 연 涇 물이름

경 渭 강이름 위 湜 맑을 식 沚 물가 지 屑 달갑게 여길 설 梁 발담(들보) 량[물을 막아 고기를 잡는 설비] 笱 통발 구 躬 몸 궁 閱 용납할(검열할) 열 遑 겨를(틈) 황 恤 근심할 휼 方 뗏목 방 泳 무자맥질할 영[물속에 잠겨 가는 것] 游 헤엄칠 유 [물 위에 떠가는 것] 匍 기어갈 포 匐 기어갈 복 慉 기를 휵 阻 저상할 조[기가 꺾임] 德 복 덕 賈 장사 고 售 팔 수 育 생활 ≪集傳≫ 鞫 궁할 국[가난] 顚 넘어질(꼭대기) 전 覆 엎어질(뒤집힐) 복 旨 맛(맛있을) 지 蓄 쌓을 축[저장] 御 막을 어 [禦] 洸 성낼 광 潰 성낼(무너질) 궤 肄 수고 이 塈 취할 기 [가지다]

式 微 …………………… 68

式 발어사(법) 식 微 쇠할(작을), 없을 미 故 일(옛) 고[변고] 露 이슬 로 泥 진흙 니

旄 丘 …………………… 69

旄 언덕 앞이 높을(깃대 장식) 모 丘 언덕 구 誕 넓을(태어날) 탄 叔兮伯兮 여기서는 아우님 형님의 뜻으로 씀 以 까닭(써) 이 蒙 입을 몽 戎 싸움 융 蒙戎 털이 더부룩하게 일어난 모양 靡 없을 미 瑣 잘(자질구레할) 쇄[가늚] 褎 옷 잘 입을 유 褎如充耳 외모는 훌륭하나 간언이나 충고는 듣지 않음을 비유

簡 兮 …………………… 70

簡 대범할(대쪽) 간 方 바야흐르 방[이제 막] 萬 춤이름 만 萬

舞 방패와 도끼를 가지고 추는 춤 碩 클 석 俁 클 우 轡 고삐 비 組 끈 조 籥 피리 약 秉 잡을 병 翟 꿩 적 赫 붉을 혁 渥 짙을 악 赭 붉은 빛 자 錫 줄(주석) 석 爵 술잔 작 榛 개암나무 진 隰 젖을 습 苓 감초 령 美人 임금님

泉水 ………………… 71

毖 졸졸흐를 비 淇 물이름 기 孌 예쁠 련 聊 애오라지 료 謀 물을(꾀할) 모 泲 땅이름 제 禰 땅이름 예 姑 고모(시어미) 고 姊 언니 자 干 땅이름 간 言 땅이름 언 載 어조사(실을) 재 脂 기름 지 舝 비녀장 할 遄 빠를 천 臻 이를 진 瑕 어조사(티)하

北門 ………………… 73

殷 많을 은 窶 가난할 구 艱 어려울 간 焉 어조사 언 哉 어조사 재 適 전일할(갈) 적[한 일에 열중함] 埤 더할 비 益 더할 익 交 서로(사귈) 교 徧 두루 편[모두] 讁 꾸짖을 적 敦 힘쓸(도타울) 돈 遺 보낼(끼칠) 유 摧 막을(꺾을) 최

北風 ………………… 74

凉 서늘할 량 雨 오게할(비) 우<타동사> 雱 눈내릴 방[눈이 펑펑 쏟아지다] 虛 여유 있는 모양 ≪集傳≫ 邪 느리다 ≪集傳≫ 亟 빠를 극 喈 빠를(새소리) 개 霏 올(눈이 펄펄 날릴) 비

靜 女 ……………… 75

靜 조용할 정[얌전함] 姝 예쁠 주 俟 기다릴 사 見 나타날 현 搔 긁을 소 踟 머뭇거릴 지 躕 머뭇거릴 주 孌 예쁠 련 詒 줄 이 彤 붉을 동 管 피리 관 煒 빨갈 위 說 기뻐할 열 懌 기뻐할 역 牧 성밖(칠) 목 歸 보낼 귀[줌] 荑 띠싹 제 洵 참으로 순

新 臺 ……………… 76

臺 대 대[흙을 높이 쌓아 만든 곳] 泚 고울 차{맑을 체} 瀰 치런치런할 미 婉 아름다울 완 籧 새가슴(대자리) 거 篨 새가슴(대자리) 저 鮮 좋을(고울) 선 洒 우뚝할 최{뿌릴 쇄} 浼 물펀펀하게흐를 매 殄 다할 진 離 걸릴(떼놓을) 리 戚 괴롭힐(겨레) 척 施 곱사등이(베풀) 시 戚施 추악한 사람

二子乘舟 ……………… 77

乘 탈 승 汎 뜰 범 景 그림자 영[影]{볕 경} 願 매양(원할) 원[늘] 養 마음수란할(기를) 양 逝 갈 서

鄘

패 해설 참조

柏 舟 ……………… 80

柏 잣나무 백 髧 늘어질 담 髦 다팔머리 모[좀 길고 다보록한

머리칼] 儀 짝(거동) 의 矢 맹세할(화살) 시 諒 믿을 량 側 곁측 特 짝(수컷) 특 慝 사악할 특

牆有茨 ……………… 81

牆 담 장 茨 납가새 자[풀이름] 埽 쓸 소 冓 지밀(짤) 구[궁중의 제일 그윽한 데 있는 침실] 醜 부끄러워할 추 襄 치울(도울) 양 詳 자세할 상 束 묶을 속 讀 읽을 독 辱 욕 욕

君子偕老 ……………… 82

偕 함께 해 副 머리꾸미개(버금) 부 笄 비녀 계 珈 머리꾸미개가 委 옹용할(맡길) 위 佗 마음든든할 타 委委佗佗 마음이 너그럽고 아름다운 모양 玼 고울 체 翟 꿩 적 鬒 숱많고검을 진 揥 빗치개 체[가르마 타는 기구] 揚 이마 위가 넓은 것 ≪集傳≫ 晳 밝을 석 瑳 고울 차 展 진실로 전 蒙 입을 몽 縐 주름질추 紲 맬 설 袢 옷꼭동일(속옷) 번 淸揚 눈썹과 눈이 수려함 媛 아름다울 원

桑 中 ……………… 84

桑 뽕나무 상 爰 발어사(이에) 원 唐 새삼 당[풀이름] 矣 의조사 의 沬 땅이름 매 云 어조사(이를) 운 期 기다릴 기 要는 迎과 같음 ≪集傳≫ 上 가(위) 상[곁] 送 보낼 송 淇 물이름 기 麥 보리 맥 弋 성씨(주살) 익 葑 순무 봉 庸 성씨(쓸) 용

鶉之奔奔 ………………… 85

鶉 메추리 순 奔 달릴 분[몹시 바쁘게 뛰어다님] 鵲 까치 작 彊 굳셀 강 彊彊 여기서는 까치 소리 良 좋을 량

定之方中 ………………… 86

定 별이름 정 揆 헤아릴 규 榛 개암나무 진 밤나무 율 椅 의나무 의 桐 오동나무 동 梓 가래나무 재 漆 옻나무 칠 升 오를(되) 승 景 클 경 京 언덕(서울) 경[높은 언덕] 卜 점 복 終 마침내 종 允 진실로 윤 臧 착할 장[좋음] 靈 좋을(신령) 령 零 떨어질 령 倌 수레맡은 벼슬아치 관 說 머무를 세 塞는 實과 같음 ≪集傳≫ 淵 깊을(못) 연 騋 큰말 래 牝 암컷 빈

蝃蝀 ………………… 87

蝃 무지개 체 蝀 무지개 동 *무지개는 아침에는 서쪽 저녁에는 동쪽에 섬 隮 무지개 제 崇 마칠(높을) 숭 昏 장가들(어두울) 혼 姻 시집갈 인

相鼠 ………………… 88

相 볼 상 鼠 쥐 서 止 거동 지[범절] 俟 기다릴 사 體 사지(몸) 체 遄 빠를 천

干旄 ………………… 89

干은 竿(장대 간)과 통하여 깃대의 뜻 旄 기 모[쇠꼬리로 장식한 기] 孑 특출할 혈 孑孑우뚝하게 솟아 빼어난 모양 紕 선두를

비 姝 예쁠 주[훌륭함] 畀 불 비 旟 기 여[송골매 그린 기] 組 짤(끈) 조 予 줄(나) 여 旌 기 정[새털로 장식한 기] 祝 짤(빌) 축 告 아뢸 고

載馳 ……………… 90

馳 달릴 치 驅 몰 구 唁 위문할 언 跋 갈(밟을) 발[산을 넘어 감] 涉 건널 섭[물을 건넘] 嘉 아름다울 가[훌륭함] 旋 돌 선 反 돌이킬 반 臧 착할 장 遠 멀리할 원[물리침] 濟 건널 제 閟 문 닫을(마칠) 비[끝냄] 阿 언덕 아 蝱 패모 맹[약초] 各 각각 각 尤 나무랄(더욱) 우 穉 어릴 치 狂 경망할(미칠) 광 芃 우거질 봉 控 고할 공[아뢸] 因 부탁할(인할) 인 極 이를(다할) 극 [다다름]

衛

패 해설 참조

淇奧 ……………… 94

淇 물이름 기 奧 굽이 욱{아랫목 오} 瞻 볼 첨 猗 야들야들할 (어조사 감탄사) 의 匪 문채 비[빛날] 切 벨(끊을 깎을) 절 磋 다듬을(갈) 차 琢 쪼을 탁 磨 갈 마 瑟 엄숙할(큰 거문고) 슬 僩 굳셀 한 赫 빛날(붉을) 혁 咺 의젓할(섧게 울) 훤 諼 잊을 (속일) 훤 靑 푸를 청 充耳 귀막이 琇 옥돌 수 瑩 옥돌(밝을)

영 會 솔기(모일) 회[꿰맨 줄] 弁 갓(고깔) 변 簀 쌓일 책 圭 홀 규 璧 둥근 옥 벽 綽 넉넉할(너그러울) 작 較 수레 귀 각{견줄 교} 戲 희롱할(놀) 희 謔 농할(희롱거릴) 학 虐 몹시굴(사나울) 학

考 槃 ……………… 96

考 이룰(상고할) 고 槃 쟁반(즐길) 반 考槃 여러 이설이 있으나 여기서는 오두막집으로 해석함 澗 산골물 간 碩人 은자 寐 잠잘 매 寤 깰 오 矢 맹세할(화살) 시 阿 언덕 아[굽은 언덕] 薖 넉넉할 과 陸 언덕(뭍) 륙[높고 평평한 땅] 軸 굴대 축 여기서는 머뭇거림 ≪集傳≫

碩 人 ……………… 97

碩人 여기서는 미인을 일컬음 頎 헌걸찰 기[키가 크고 풍채가 좋은 모양] 褧 홑옷 경 邢 나라이름 형 姨 이모(처 형제) 이 譚 나라이름(이야기) 담 私 자매의 남편(사사) 사 荑 띠 싹 제 凝 엉길 응 凝脂 희고 윤택 있는 살결 領 목 령 蝤 나무굼벵이 추 蠐 굼벵이 제 瓠 박(표주박) 호 犀 박씨(무소) 서 螓 매미 진 蛾 나방 아 巧 예쁠(공교할) 교 盼 눈 예쁠 반 倩 예쁠 천[입이 예쁘게 생김] 敖 장대할(놀) 오[긴 모양] 牡 수컷 모 驕 씩씩할(교만할) 교 幩 재갈 장식 분 鑣 재갈 표 鑣鑣 성한 모양 翟 꿩 적 茀 수레포장 불 朝 뵐(아침) 조 勞 수고할 로[애씀] 洋 큰 물결(바다) 양 洋洋 물이 세차게 흐르는 모양 活 물콸콸흐를 괄{살 활} 罛 그물 고 濊 그물치는 소리 활{깊을 예} 鱣 전어(철갑상어) 전 鮪 붕어(다랑어) 유 發 일어날(쏠) 발 葭 갈대 가

菼 갈대(물억새) 담 揭 들 게 揭揭 긴 모양 孼 치장할(서자) 얼 朅 헌걸찰(갈) 걸[씩씩한 모양]

氓 ……………… 99

氓 백성 맹 여기서는 사내(남자) ≪集傳≫ 蚩 어리석을 치 抱 안을 포[가짐] 謀 꾀할 모 頓 조아릴 돈 頓丘 지명 愆 어그러질(허물) 媒 중매 매[중매쟁이] 垝 허물러질(무너질) 궤 垣 담 원 復關 지명 泣 울(눈물) 읍 涕 눈물 체 漣 눈물흐를 련 卜 점 복[거북점] 筮 점 서[점대] 體 점괘(몸) 체 賄 재물(뇌물) 회 遷 옮길 천 沃 성할 옥 若 어조사(같을) 약 于 탄식할 우 嗟 탄식할 차 葚 오디 심 耽 빠질(노려볼) 탐[지나치게 즐김] 隕 떨어질 운 徂 갈 조 湯 출렁거릴 상{넘어질 끓인 물 탕} 帷휘장 유 爽 어그러질(시원할) 상 暴 모질게굴(사나울) 포 咥 웃을 희 {깨물 질}[허허 웃는 모양] 躬 몸 궁 悼 슬퍼할 도 隰 진펄 습 泮 밭두둑 반 宴 즐길(잔치) 연 晏 화락할(늦을) 안 旦밝을(아침) 단 亦 모두(또한) 역

竹竿 ……………… 102

竿 장대 간 籊 가늘고 긴 적 致 이를(보낼) 치[다다름] 泉源 물이름 瑳 웃을 차[생긋 웃는 모양] 儺 점잔히걸을 나 滺 흐를 유 檜 회나무 회 楫 노 즙 駕 탈 가 寫 덜(베낄) 사[덜어 없애다]

芄蘭 ……………… 103

芄 왕골 환 蘭 난초 란 芄蘭 박주가리 支 가지 지 觿 뿔송곳

휴 容 얼굴 용 遂 망설일(이를) 수[주저함] 垂 드리울 수 帶 띠 대 悸 늘어질(두근거릴) 계 韘 깍지 섭 甲 친압할 압{첫째 천간 갑}[흉허물 없이 매우 친함]

河 廣 ………………… 104

河 물이름 하 廣 넓을 광 葦 갈대 위[작은 배] 杭 건널 항 跂 발돋움할 기 予 나 여 望 바라볼(바랄) 망 曾 어조사(일찍) 증 刀 거룻배(칼) 도 崇 마칠(높을) 숭

伯 兮 ………………… 105

伯 남편(맏) 백 朅 헌걸찰 걸[씩씩한 모양] 桀 뛰어날(홰) 걸 殳 창 수 驅 대열(몰) 구 蓬 쑥 봉 膏 기름(살찔) 고 沐 머리감을 목 適 전일할(갈) 적[한 일에 열중함] 杲 밝을 고 願 매양 원[늘] 諼 잊을 훤 背 집 북쪽(등) 배 痗 앓을 매

有 狐 ………………… 106

狐 여우 호 綏 편안할 수 綏綏 어정어정 [한가하게 거니는 모양] 梁 징검다리 량 厲 건널 려 帶 띠 대 側 곁 측[옆]

木 瓜 ………………… 107

投 던질 투 報 갚을 보 瓊 옥 경[붉고 아름다운 옥] 瑤 옥돌 요 玖 옥돌 구[검은 옥돌]

王

주(周)나라 11대 임금인 유왕(幽王)은 신(申)나라 강씨(姜氏)를 아내로 맞아 태자 의구(宜臼)를 낳았다. 그러나 그 뒤 유왕은 포사(褒姒)에게 빠져 백복(伯服)을 낳고 강 씨와 의구를 쫓아내자 강 씨의 아버지 신후(申侯)는 크게 노하여 서쪽 오랑캐 견융(犬戎)을 선동하여 호경(鎬京)을 공격케 하여 유왕을 여산(驪山) 기슭에서 죽였다. 이어 진(晉)나라 문공(文公)과 정(鄭)나라 무공(武公)이 의구를 신(申)나라에서 모셔와 세우니 이가 곧 평왕(平王)이다. 평왕은 서울을 호경에서 낙읍(洛邑)으로 옮겼다. 이로부터 동주(東周)라 부르기도 한다. 여기에 수록된 시(詩)는 평왕(平王) 환왕(桓王) 장왕(莊王) 시대의 시(詩)라고 한다. 이때는 이미 제후들의 힘이 강성해지기 시작하여 주(周)나라는 천자의 나라라고는 하지만 그 힘이 기내(畿內 사방 6백리) 밖에 미치지 못한다.

黍 離 ……………… 110

黍 기장 서[메기장] 離 늘어놓을(떼놓을) 리 黍離 축 처진 모양 稷 기장 직[찰기장] 行 걸을 행 邁 갈 매 搖 흔들릴 요 搖搖 근심이 되어 마음이 안정되지 않는 모양 靡靡 걸음이 더딘 모양 求 책할(구할) 구[책망] 穗 이삭 수 噎 목멜 일{열}

君子于役 ……………… 112

役 일(부릴) 역[병역 부역] 期 기약할 기 曷 어느 때에 갈 棲 깃들일(살) 서 塒 홰 시 佸 이를 활{괄} 桀 홰 걸 括 이를(묶을) 괄 苟 단지(다만) 구 飢 주릴 기 渴 목마를 갈

君子陽陽 ……………… 113

陽 볕 양 陽陽 뜻을 이룬 모양 簧 생황 황 房 방 방 招 부를 초 陶 기뻐할(질그릇) 도 翿 깃 일산 도 敖 놀 오 춤추는 자리 ≪集傳≫

揚之水 ……………… 114

揚 오를 양 悠揚 (듬직하고 느긋하다) ≪集傳≫ 束 단(묶을) 속 [한 묶음] 薪 땔나무 신 戍 지킬(수자리) 수[변방을 지키는 일] 懷 품을 회[마음 생각] 楚 가시나무 蒲 부들(냇버들) 포

中谷有蓷 ……………… 115

蓷 익모초 퇴 暵 말릴 한 乾 마를(하늘) 건 仳 떠날 비 嘅 탄식할 개 嘆 한숨 쉴 탄 遇 만날 우 艱 어려울 간 難 어려울 난 修 마를(닦을) 수 條 길(가지) 조 歗 휘파람(울부짖을) 소 淑 잘 숙[좋음] 濕 축축할 습 啜 훌쩍훌쩍울(마실) 철 及 미칠 급 何嗟及은 「嗟何及」의 倒文

兎 爰 ……………… 116

爰 느즈러질 원 爰爰 속박 당하지 않고 여유 있는 모양 雉 꿩 치 離 걸릴 리 羅 그물 나 罹 근심 리 吪 움직일 와 罦 그물 부 覺 깰 교{깨달을 각} 罿 그물 동 庸 쓸 용 凶 흉할 흉 聰 귀 밝을 총

葛藟 ·················· 117

葛 칡 갈　藟 덩굴풀 류　綿 이어질 면　滸 물가 호　遠 멀어질 원　顧 돌아볼 고　涘 물가 사　有는 識과 같음 ≪集傳≫　漘 물가 순　聞 들을 문

采葛 ·················· 118

蕭 쑥 소　三秋 아홉달　艾 쑥 애(약쑥)

大車 ·················· 119

檻 수레 가는 소리(우리) 함　毳 솜털 취　毳衣 부드럽고 가는 털로 짠 대부의 제복　菼 물억새 담　哼 느릿느릿갈 톤　璊 붉은 옥 문　奔 달릴 분　穀 살(곡식) 곡　穴 구덩이 혈　皦 밝을 교

丘中有麻 ·················· 120

留 머무를 류　施 기뻐할(베풀) 시　佩 노리개(찰) 패　玖 패옥(옥돌) 구

鄭

주(周)나라 선왕(宣王)의 배다른 동생 우(友))는 선왕(宣王)으로부터 기내 함림(咸林)땅에 봉(封)해 지고, 뒷날 유왕(幽王) 때는 대사도(大司徒)를 지내다 견융이 쳐들어 왔을 때 함께 죽임을 당한다. 그러나 그의 아들 굴돌(掘突)이 뒤를 이어 대사도가 되니 이가 곧

정(鄭)나라 무공(武公)이다. 무공(武公)은 평왕(平王)의 동천(東遷)에 공을 세워 회(檜)를 비롯하여 10읍의 땅을 얻어 영토를 넓혔다. 정풍(鄭風)은 연애시가 많아 예로부터 음풍(淫風)이라 불리어 졌다.

緇 衣 ………………… 122

緇 검을 치 宜 마땅할 의 敝 해질 폐 改는 更과 같음 ≪集傳≫ 授 줄 수 粲 밥 찬 造 지을 조 蓆 클(자리) 석 作 지을 작

將仲子 ………………… 123

將 청컨대 장[바라건대] 仲 버금 중[형제 중에서 둘째] 踰 넘을 유 里 마을 리[스물다섯집이 사는 곳] 折 꺽을 절[부러뜨림] 樹 심을(나무) 수 杞 버들 기 愛 아낄(사랑) 애 墻 담 장 園 울(동산) 원[울타리] 壇 박달나무 단

叔于田 ………………… 125

田 사냥할(밭) 전[새 사냥] 巷 골목(거리) 항 洵 진실로 순 狩 사냥할 수[겨울사냥] 適 갈 적 服 탈(옷) 복 武 굳셀 무

大叔于田 ………………… 126

*앞의 叔于田과 제목이 겹쳐 구별하기 위하여 긴 쪽에 大자를 더 붙여 大叔于田이라 함

乘 탈(넷) 승 轡 고삐 비 組 끈 조 驂 곁마 참 舞 춤출 무 藪수풀(늪) 수 烈 세찰 렬 擧 들(일으킬) 거 襢 웃통 벗을 단 裼웃통 벗을 석 暴 맨손으로 칠(사나울) 포 獻 드릴 헌 狃 익힐

뉴 戒 경계할 계[삼감] 服 말(옷) 복[안쪽 말] 襄 오를(도울) 양 雁 기러기 안 行 줄 항 揚 오를 양 射 쏠 사 御 부릴 어 磬 달릴(경쇠) 경 控 당길 공[제어함] 縱 쏠 종 送 (보낼)활잘 쏠 송 忌 어조사(꺼릴) 기 抑 어조사(누를) 억 鴇 오총이 보[흰털이 섞인 검은 말] 阜 성할(언덕) 부 慢 느릴(게으를) 만 發 쏠 발 罕 드물(그물) 한 釋 풀 석 掤 전통뚜껑 붕 鬯 활집 창

淸 人 ……………… 128

彭 땅이름 팽 駟 사마 사 介 갑옷(끼일) 개 旁 달릴(두루) 방 旁旁 말이 쉬지 않고 달리는 모양 矛 창 모[자루가 긴 창] 重 겹칠 중 英 꽃다울 영 붉은 깃털로 꾸밈 ≪集傳≫ 上 가(곁) 상 翶 날 고 翔 날 상 翶翔 빙빙 돌며 낢 麃 굳셀 표{고라니 포} 喬 창 교[끝에 갈고리를 덧붙인 창] 逍 거닐 소 遙 거닐 요 陶 기뻐할 도 旋 돌 선 抽 당길(뺄) 추[끌어당김]

羔 裘 ……………… 129

羔 염소 고 裘 갖옷 구 濡 윤 유[흠치르르한 광택] 直 곧을 직 侯 아름다울 후 舍 베풀(집) 사 渝 변할(달라질) 투 豹 표범 표 飾 가선(꾸밀) 식[옷 가장자리에 두른 선] 孔 매우 공 司 맡을 사 晏 고울 안 三英 갖옷의 꾸밈 ≪集傳≫ 粲 고울 찬 빛 ≪集傳≫ 彦 선비 언

遵大路 ……………… 130

遵 따라갈(좇을) 준 摻 잡을 삼{섬} 袪 소매 거 惡 미워할 오

疌 빠를 첩{잠} 魗 버릴 수

女曰鷄鳴 ………………… 131

鷄 닭 계 鳴 울 명 昧 어두울(새벽) 매 旦 아침 단 興 일어날 흥 爛 빛날 란 弋 주살 익 鳧 오리 부 加 미칠(더할) 가 宜 화목할 의[정다움] 雜 섞일 잡[여러가지] 贈 줄 증 順 기뻐할 순 問 선사할(물을) 문 報 갚을 보

有女同車 ………………… 132

顔 얼굴 안 舜 무궁화 순 華 꽃 화[꽃 핀 뒤에 열매가 여는 것] 琚 패옥 거 孟 맏 맹 都 우아할(도읍) 도 英 꽃 영[꽃 핀 뒤에 열매가 열리지 않는 것] 將 쟁그랑쟁그랑할 장

山有扶蘇 ………………… 133

扶 도울 부 蘇 깰 소 扶蘇 작은나무 ≪集傳≫ 荷 연 하 子都는 멋진 사내 ≪集傳≫ 橋는 喬(높을 교)로도 씀 龍은 말여귀[풀이름 ≪集傳≫] 子充은 子都와 같음 狡 교활할 교

蘀 兮 ………………… 134

蘀 낙엽 탁 叔兮伯兮 여기서는 뭇 사내란 뜻 倡 부를(여광대) 창 和 좇을(화할) 화[따름] 漂 나부낄(떠돌) 표 要 구할 요

狡 童 ………………… 135

故 연고(옛) 고[까닭] 粲 (정미)먹을 찬 食 밥 사{식} 息 숨쉴 식

褰 裳 ………………… 136

褰 걷을 건 涉 건널 섭 溱 물이름 진 豈 어찌(왜) 기 狂童 여기서는 미친 녀석이라기 보다는 도리.시비를 분간 못하는 어리석은 녀석 또는 바보라는 뜻 洧 물이름 유

丰 ………………… 137

丰 예쁠 봉 俟 기다릴 사 悔 뉘우칠 회 送 보낼 송 여기서는 따라 가다의 뜻 昌 아름다울 창 堂 집 당[큰 집] 將 보낼 장 錦 비단 금 褧 홑옷 경 駕 탈(멍에) 가

東門之墠 ………………… 138

墠 제사터 선 茹 꼭두서니 여[풀이름] 藘 꼭두서니 려 阪 비탈 판 邇 가까울 이 踐 밟을(차려놓을) 천 卽 가까이할(곧) 즉

風 雨 ………………… 139

凄 찰(쓸쓸할) 처 喈 새소리 개 夷 안온할(오랑캐) 이[평온] 瀟 비바람(강 이름) 칠 소 膠 닭 울(아교) 교 瘳 병 나을 추 晦 어둠(그믐) 회 喜 기쁠 희

子 衿 ………………… 140

衿 옷깃 금 縱 비록 종 寧 어찌(편안할) 녕 嗣 이을 사 挑 뛸(휠) 도 達 통달할 달 挑達 왕래하는 모양 闕 대궐문 궐

揚之水 ……………… 141

鮮 적을(고울) 선　迋 속일 광

出其東門 ……………… 142

思 생각할 사[사랑함]　縞 흴 호　綦 초록빛 기　員 어조사(이를) 운{수효 원}　闉 성문 인　闍 성문(망루) 도　荼 띠 도　且 어조사 저{또 차}　茹藘 붉은 새 염료　娛 즐거워할 오

野有蔓草 ……………… 143

蔓 덩굴 만　零 떨어질 령　露 이슬 로　漙 이슬 많을 단　淸 눈이 맑은 것　揚 이마가 넓은 것　婉 예쁠 완　邂 만날 해[우연히 만남]　逅 만날 후[우연히 만남]　遇 만날 우　適 맞을 적[일치함]　瀼 이슬흠치르르할 양　臧 착할 장

溱 洧 ……………… 144

渙 풀릴 환　渙渙 물이 성한 모양　蕑 난초 간　訏 클 우　謔 농할(희롱거릴) 학　勺 술잔 작　勺藥 향기로운 풀 ≪集傳≫　瀏 맑을 류　殷 많을 은

齊

주(周)나라 무왕(武王)이 은(殷)나라를 쳐부순 뒤 문왕(文王)때부터 대공신인 태공망(太公望) 여상(呂尙)을 봉(封)한 곳이다. 제(齊)나

라는 지금의 산동성 동북부에 해당하는 땅이다.

鷄鳴 ………………… 146

蒼 푸를 창 蠅 파리 승 昌 창성할 창[번성함] 薨 떼로 나는 소리(죽을) 훙 庶 바랄(여러) 서 憎 미워할 증

還 ………………… 147

還 재빠를 선 遭 만날 조 猺 산이름 노 竝 나란히(아우를) 병 驅 몰 구 從 쫓을 종 肩 세 살 먹은 짐승(어깨) 견 揖 읍 읍[공수하고 절 함] 儇 빠를 현 茂 빼어날 무 牡 수컷 모 好 좋을 호[훌륭함] 昌 아름다울 창 陽 남쪽(볕) 양 狼 이리 랑 臧 착할 장

著 ………………… 148

著 면장 사이(나타낼) 저[집 앞쪽에 쌓은 담] 여기서는 바깥담과 정문 사이의 뜰 充 막을(찰) 충 素 흴 소 尙 더할(오히려) 상 庭 뜰 정[집안의 마당] 瑩 빛날 영 堂 마루(집) 당[본채] 英꽃다울(꽃부리) 영

東方之日 ………………… 149

姝 예쁠 주 履 신 리[신발을 신음] 卽 나아갈(곧) 즉 闥 뜰 달[대문 안의 마당] 發 떠날 발

東方未明 ·················· 150

顚 거꾸로 할(넘어질)전 倒 거꾸로 할(넘어질 엎어질) 도 召 부를 소 晞 밝을 희 令 영 령[명령] 折 꺽을 절 樊 울타리 번 圃 남새밭(채소밭) 포 狂夫 도리.시비를 분간 못하는 사람 瞿 놀랄(볼) 구 瞿瞿 놀라서 눈 동그랗게 뜨고 보는 모양 莫 어두울(없을) 막

南 山 ·················· 151

崔 높을 최 綏 편안할 수 蕩 평평할 탕 齊子는 제나라 희공(僖公)의 딸(文姜) 懷 품을 회 屨 신 구 緌 갓끈 유 庸 쓸 용 從 좇을 종[상종] 蓺 심을 예 衡 가로나무(저울대) 형 畝 이랑 묘{무} 鞠 궁할 국[곤궁함]

甫 田 ·················· 153

甫 클 보 莠 가라지 유[강아지 풀] 驕 뻣뻣할 교 驕驕 무성한 모양 忉 근심할 도 勞 괴로워할 로 桀 들 걸 桀桀 무성한 모양 怛 애태울 달 孌 아름다울 련 丱 쌍상투 관 幾 얼마(기미) 기 突 갑작스러울 돌 弁 고깔 변[갓]

盧 令 ·················· 154

盧 사냥개 로 令 방울소리 령 重 겹칠 중 環 고리 환 鬈 고울 권[머리털이 고움] 鋂 사슬고리 매 偲 수염 많을(굳셀) 시

敝 笱 ………………… 155

敝 해질 패 笱 통발 구 梁 발담(들보) 량[어량] 魴 방어 방 鰥 환어 환 鱮 연어 서 唯 오직(대답할) 유 唯唯 자유로이 드나드는 모양

載 驅 ………………… 156

薄 빨리 달릴 박 簟 삿자리 점 茀 수레가림 불 鞹 가죽 곽[털을 벗긴 가죽] 夕 밤(저녁) 석 驪 검은 말 려 濟濟는 美貌와 같음 ≪集傳≫ 瀰 치런치런할 니 豈 화락할 개 弟는 悌(화락할 제)와 통함 汶 물이름 문 湯 물 세차게 흐를 상{탕} 彭 많은 방{팽} 滔 물 넘칠 도 儦 많을 표 遊 놀 유[즐겁게 지냄] 敖 놀 오[멋대로 놂]

猗 嗟 ………………… 157

猗 어조사 의 嗟 감탄할 차 昌 아름다울 창 頎 헌걸찰 기 抑 굽힐(누를) 억[숙임] 若 어조사 (같을)약 揚 오를 양 巧 약을 교[약삭빠름] 趨 달릴 추 蹌 추창할 창[빨리 걸음] 名 이름날 (이름)명 儀 예의 의 侯 과녁 후 展 진실로 전 甥 생질 생 選 춤출(가릴) 선 貫 꿸 관[뚫음] 反 돌이킬 반 禦 막을 어

魏

위(魏)나라에 대해서는 누구를 봉(封)하였는지 대(代)가 어떻게 이

어졌는지 알지 못한다. 다만 위나라 땅은 남쪽으로 하곡(河曲), 북쪽으로는 분수(汾水)에 이르러 인접한 진(秦)나라와 진(晉)나라에 의해 수시로 침략을 당하다가 마침내 진(晉)나라 헌공(獻公)에게 나라를 빼앗겼다고 전해진다.

葛屨 ……………… 160

糾 얽힐 규 糾糾 성긴 모양 屨 신 구 履 밟을 리 摻 섬섬할 섬[가냘프고 고운 모양] 縫 꿰맬 봉 要 허리 요 襋 옷깃 극 提 점잖이 걸을(끌) 제 宛然 사양하는 모양 ≪集傳≫ 揥 빗치개 체 褊 좁을 편 刺 헐뜯을(찌를) 자

汾沮洳 ……………… 161

汾 물이름 분 沮 습한 땅 저 洳 습한 땅 여 莫 나물 모 度 헤아릴 도 殊 특히 수[유달리] 公路 임금님의 수레를 관장하는 대부 英 빼어날 영 公行 임금님의 병거(兵車)를 관장하는 대부 曲 구석 곡 藚 쇠귀나물 속 公族 임금님의 집안을 관장하는 대부

園有桃 ……………… 162

園 동산 원 殽 안주 효는 食과 같음 ≪集傳≫ 歌 노래 가[곡조에 맞추어 부름] 謠 노래 요[반주 없이 부름] 驕 교만할 교 蓋 발어사(대개) 개 棘 멧대추나무 극 罔極 마음이 방자하여 끝닿은 데가 없음 ≪集傳≫

陟 岵 ……………… 163

陟 오를 척　岵 산 호[초목이 우거진 산]　瞻 볼 첨　望 바라볼 망　役 일 역[수자리 싸움]　上 바랄 상　愼 삼갈 신　旃 어조사 전　止는 獲과 같음 ≪集傳≫　屺 민둥산 기[초목이 없는 산]　棄 버릴 기　岡 산등성이 강

十畝之間 ……………… 164

畝 이랑 묘[땅 넓이의 단위]　一畝는 百步(步는 우리나라의 坪)　閑 한가할 한　行은 將과 같음 ≪集傳≫　還 돌아갈 환　泄 느릴 예{샐 설}　逝 갈 서[떠남]

伐 檀 ……………… 165

檀 박달나무 단　坎 치는 소리(구덩이) 감　寘 둘 치　干 물가 간　漣 잔물결 련　猗 어조사 의　稼 심을 가　穡 거둘 색　廛 전방세 받을(가게) 전　狩 사냥 수[겨울 사냥]　獵 사냥 렵[봄 사냥]　貆 담비 환{훤}　素 한갓 소[헛되이]는 空과 같음 ≪集傳≫　粲 먹을 찬　輻 바퀴살 복　側 곁 측　特 세 살 먹은 짐승(수컷) 특　輪 바퀴 륜　漘 물가 순　淪 잔물결 륜　囷 곳집 균　鶉 메추리 순

碩 鼠 ……………… 167

鼠 쥐 서　黍 기장 서　貫 섬길(꿸) 관　肯은 可와 같음 ≪集傳≫　逝 발어사(갈) 서　適 갈 적　爰 발어사(이에) 원　直 값 치{곧을 직}　苗 곡식 묘

唐

주(周)나라 성왕(成王)이 동생 숙우(叔虞)를 봉(封)한 곳이다. 당(唐)나라는 지금의 산서성 태원 일대 이다. 숙우(叔虞)의 아들 섭(燮)에 이르러 국호를 진(晉)으로 고쳤다. 일설에는 숙우(叔虞)때부터 당(唐)을 진(晉)이라 불렀다고 한다.

蟋蟀 170

蟋 귀뚜라미 실　蟀 귀뚜라미 솔　聿 발어사(이에) 율　莫 저물 모　除 갈(섬돌) 제　已 써 이　康 즐거울(편안할) 강　職 일(벼슬) 직　居 집(있을) 거　荒 빠질(거칠) 황　良 좋을 량[훌륭함]　瞿 두려워할(볼) 구　邁 갈 매　蹶 뛰어 일어날 궤[벌떡 일어나는 모양]　慆 지날 도　休 쉴 휴

山有樞 172

樞 나무이름 우{추}[느릅나무 일종]　楡 느릅나무[흰 느릅나무] 유　曳 끌 예　婁 끌 루[옛날에는 옷이 길어서 입고 다니면 땅에 끌림]　馳 달릴 치　宛 어슴푸레할 완　愉 기뻐할 유　栲 북나무 고　杻 감탕나무 뉴　洒 뿌릴 쇄　掃 쓸 소　鍾 종 종　鼓 북(칠) 고[두드림]　考 칠(상고할) 고　保 보전할(지킬) 보는 居 有와 같음 ≪集傳≫　漆 옻나무 칠　栗 밤나무 율　瑟 큰 거문고 슬　喜 기쁠 희　且 어조사 저{또 차}

揚之水 ·················· 174

鑿 끌(뚫을) 착 鑿鑿 돌이 뾰족하게 쌓여 있는 모양 ≪集傳≫ 朱 붉을 주 襮 깃 박 沃 땅 이름(기름질) 옥 皓 흴 호 繡 수놓을 수 鵠 땅 이름(고니) 곡 粼 물 부딪힐 린

椒 聊 ·················· 175

椒 산초나무 초 聊 어조사 료 蕃 많을(우거질) 번 衍 넉넉할(넘칠) 연[많음] 朋 쌍(벗) 붕은 比(견줄 비)와 같음 ≪集傳≫ 匊 움킬 국 篤 도타울 독[인정이 많음]

綢 繆 ·················· 176

綢 동여맬 주[묶음] 繆 동여맬 무 束 묶을 속 見 뵐(나타날) 현[만나 봄] 芻 추꼴 추 隅 모퉁이 우 戶 지게 호[외짝 문] 粲 아름다울 찬

杕 杜 ·················· 177

杕 우뚝설 체 杜 팥배나무 두 湑 우거질 서 踽 외로울 우 比 이웃(친할) 비 佽 도울 차 菁 우거질 청 睘 외로울 경

羔 裘 ·················· 178

豹 표범 표 袪 소매 거 居居는 미상 ≪集傳≫ 褎 옷깃 유 究究는 미상 ≪集傳≫

鴇羽 ······················ 179

鴇 너새 보 肅肅 새 깃 소리 苞 덤불 포 栩 도토리 허 盬 소홀할 고 蓺 심을 예 怙 믿을 호 翼 날개 익 極 마칠(다할) 극 稻 벼 도 粱 조 량 嘗 맛볼 상

無衣 ······················ 180

吉 길할 길 燠 따뜻할 욱{오}

有杕之杜 ······················ 181

杕 우뚝설 체 杜 팥배나무 두 生 자랄(날) 생 噬 발어사(씹을 미칠) 서 適 갈 적[찾아 감] 飮 마실 음 食 먹을 식 周 모퉁이(두루) 주

葛生 ······················ 182

蒙 덮을 몽 蘞 거지덩굴 렴 蔓 뻗을(덩굴) 만 亡 없을 망 域 땅가장자리 역 息 쉴 식 枕 베개 침 粲 고울 찬 爛 고을 란 旦 밤새울(아침) 단 居 무덤 거 室 굴 실 歸 붙좇을 귀

采苓 ······················ 184

苓 감초 령 巓 산꼭대기 전 舍 버릴(집) 사 旃 어조사 전 然 그렇게 여길 연 苦 씀바귀 고 與 허락할(줄) 여[따르다] 葑 순무 봉 從 좇을 종

秦

옛날 백익(伯益)이라는 사람이 하(夏)나라 우(禹)임금의 치수를 도운 공으로 영(嬴)이라는 성을 받고 그 뒤 백익(伯益)의 후손인 비자(非子)가 주(周)나라 효왕(孝王)때 부용(附庸 제후의 나라에 부속된 나라)이 되어 진(秦지금의 감숙성 천수현 부근)땅을 봉읍으로 받았다. 그리고 그의 증손인 진중(秦仲)이 주나라 선왕(宣王)때 서융을 토벌한 공을 세우고 진중의 아들(襄公)은 견융이 주나라로 쳐들어 왔을 때 분전 했으며 평왕(平王)이 동천할 때 병력을 이끌고 평왕을 안전하게 호송하여 제후로 봉(封)해지고 기산의 서쪽 땅을 받았다.

車 鄰 ………………… 188

鄰 수레소리(이웃) 린 顚 이마(꼭대기) 전 寺 내시 시{절 사} 阪 비탈 판 耋 늙을 질[팔십 세] 簧 생황 황

駟 驖 ………………… 189

駟 사마 사 驖 검붉은 말 철 孔 메우(클) 공 阜 살찔(언덕) 부 媚 사랑할 미 奉 받들 봉 時는 是와 같은 어조사 辰 때 신 拔 오늬(뺄) 발[화살] 獲 얻을 획 輶 가벼울 유 鸞 방울 란 鑣 재갈 표 載 실을 재 獫 개 렴[주둥이가 긴 개] 歇 개 갈{헐}[주둥이가 짧은 개] 驕 씩씩할 교 歇驕 사냥개

小 戎 ………………… 190

戎 싸움수레 융 小戎은 兵車[戰車] 俴 얕을 천 收 뒤턱가로나무

(거둘) 수 楘 멍에가죽 목 梁 들보 량 輈 끌채 주 游環 바깥쪽 말고삐를 매는 고리 脅驅 바깥쪽 말이 안으로 못 들어오게 막는 가죽 끈 脅 겨드랑이(옆구리) 협 陰은 揜軓 ≪集傳≫ 揜 가릴 엄 軓 수레앞턱나무 범 靷 가슴걸이 인 鋈 도금할 옥 茵 자리 인 文茵 호랑이 가죽방석 ≪集傳≫ 暢 길 창 轂 바퀴 곡 騏 검푸른 말 기 馵 발 흰말 주 板 널조각 판 曲 구석 곡 騮 월따말 류[몸은 붉고 갈기는 검은 말] 騧 공골마 과{왜}[입 가장자리가 검은 말] 驪 가라말 려[검은 말] 觼 쇠고리 결 軜 고삐 납 厹 세모창 구 錞 창고달 대{순} 蒙 덮을 몽 여러 가지 깃털 무늬를 그린 것 ≪集傳≫ 伐 방패(칠) 벌 苑 문채날(나라동산) 원 韔 활집 창 鏤 강철 루 膺 뱃대끈(가슴) 응 交 엇갈릴(사귈) 교 閉 도지개(닫을)폐 緄 노끈(띠) 곤 縢 묶을 등 厭 조용할 (싫을) 염 秩 차례 질

蒹葭 ·················· 192

蒹 갈대 겸 葭 갈대 가 蒼 우거질(푸를) 창 所謂 이른바 遡 거슬러 올라갈(따라 내려갈) 소 洄 거슬러 올라갈 회 從부터 종 阻 험할 조 遡游따라 내려감 凄 바람찰 처 凄凄는 蒼蒼과 같음 ≪集傳≫ 晞 마를 희 湄 물가 미 躋 오를 제 坻 섬 지 采 많을(캘) 채 涘 물가 사 沚 물가 지 작은 모래섬 ≪集傳≫

終南 ·················· 194

條 유자나무(가지) 조 止 어조사(발) 지 渥 짙을(두터울) 악 丹 붉을 단 也 哉강조의 뜻 紀 터(벼리) 기 黻 수 불 繡 수놓을 수 將將은 패옥소리 考 수할 고[오래 삶]

黃 鳥 ………………… 195

交 오고갈 교 止 머무를(발) 지 奄 가릴 엄 特 유다를 특 臨 임할 림[높은 곳에서 내려다 봄] 穴 구덩이 혈 惴 두려워할 췌 慄 떨 률 殲 죽일 섬 如 만일 여 贖 바꿀 속 防 당할 방 鍼 바늘 침 禦 막을 어

晨 風 ………………… 197

晨風 송골매 鴥 휙 날 율 鬱 우거질 울 欽 공경할 흠 欽欽 근심하여 잊지 못하는 모양 ≪集傳≫ 櫟 상수리나무 력 駮 얼룩얼룩할 박 駮은 梓楡가래나무 느릅나무 ≪集傳≫ 棣 산앵도나무 체 檖 돌배나무 수 醉 취할 취

無 衣 ………………… 198

袍 웃옷 포[도포] 修 다스릴 수[정비] 戈 창 과[짧은 창] 矛 창 모[긴 창] 仇 짝 구 澤 잠방이 택 戟 창 극 作 움직일 작 甲 갑옷 갑 兵 병장기 병[무기]

渭 陽 ………………… 199

舅 외삼촌 구 贈 선물 증 瓊 옥 경[붉고 아름다운 옥] 瑰 구슬 괴

權 輿 ………………… 200

權輿 거의 모든 주석서는 '처음'으로 풀이 했으나 여기서는 글자의 뜻대로 '권세'라고 번역해 보았음 權 저울추(권세) 권 輿 수레(가마) 여 夏 클 하 渠 클 거 每 마다 매 承 이을 승 簋 큰 제기 궤

陳

순(舜)임금의 후손에 우알보(虞閼父)라는 사람이 있었는데 주(周)나라 무왕(武王)의 질그릇 굽는 일을 관장하는 도정(陶正)이란 벼슬을 지냈다. 무왕은 그의 재주가 뛰어난데다가 순임금의 후손임을 참작하여 그의 아들 규만(嬀滿)을 진나라에 봉(封)하고 맏딸 태희(太姬)를 규만에게 시집보냈다. 진(陳)의 영토는 지금의 하남성 동남부 일대이며 도읍지이었던 완구(宛丘)는 지금의 하남성 회양현 부근이라고 한다.

宛 丘 ……………… 202

宛丘 진나라의 도읍지 湯 방탕할 탕 洵 진실로 순 情 멋 정[재미] 望 바랄 망 坎 치는 소리 감 値 가질 치 鷺 백로 로 缶 질장구 부 翿 깃일산 도

東門之枌 ……………… 203

枌 흰 느릅나무 분 栩 상수리나무 허 婆 춤 너울너울 출 파 娑 춤출 사 穀 좋을 곡 差 가릴 차 原 들 원 績 자을 적[실을 뽑음] 鬷 많을 종 荍 금규화 교 握 쥘 악[한 움큼]

衡 門 ……………… 204

衡門 누추한 집 衡 가로나무 형 棲 살 서 遲 쉴 지 泌 샘물 졸졸 흐를 비 洋 넘칠 양 鯉 잉어 리

東門之池 ·················· 205

池 못(연못) 지 漚 담글 구 姬 아씨 희 與 그럴까 여 晤 만날 오[마주대함] 紵 모시 저 菅 왕골 관

東門之楊 ·················· 206

牂 성할 장 昏 날 저물 혼 煌 빛날 황 肺 성할 폐 晢 별 반짝 반짝할 제{절}

墓 門 ·················· 207

墓 무덤 묘 斯 찍을 사 誰 옛 수 鴞 올빼미 효 萃 모일 췌 訊 고할 신

防有鵲巢 ·················· 208

防 둑 방 鵲 까치 작 巢 새집 소 邛 언덕 공 旨 아름다울지 苕 능소화 초 侜 속일 주 忉 근심할 도 唐 길 당[뜰안 길] 甓 벽돌 벽 鷊 칠면조 역 작은 풀 ≪集傳≫ 惕 근심할 척

月 出 ·················· 209

皎 밝을(달빛) 교 佼 예쁠 교 僚 예쁠 요 舒 발어사(펼) 서 窈 그윽할 요 糾 맺힐 규 窈糾 아리따운 모양 悄 근심할 초 皓 밝을(흴) 호 懰 아름다울 류 懮 느릴 우 受 받을 수 慅 고달플 소 照 비칠 조 燎 밝을 료 夭 예쁠 요 紹 이을 소 慘 아플 참

株林 ……………… 210

從 좇을 종 適 갈 적 夏南은 大夫 夏叔卿의 아내 駕 탈 가 乘 넷 (탈) 승 說 머무를 세 駒 작은 말(망아지) 구

澤陂 ……………… 211

陂 둑 피 蒲 부들 포 荷 연 하 傷 근심할 상[애태움] 涕 눈물 체 泗 콧물 사 滂 뚝뚝 떨어질 방 沱 눈물 흐를 타 蕑 난초 간 卷 아름다울 권 悁 근심할 연 菡 연꽃 함 萏 연꽃 담 儼 근엄할(의젓할) 엄 伏 엎드릴 복 枕 베개 침

檜

회(檜)나라는 진수(溱水)와 유수(洧水) 사이 지금의 하남성 밀현 동북쪽에 도읍을 정하고 있었으나 주(周)나라 평왕(平王) 때 정(鄭)나라 무공(武公)에게 나라를 빼앗겼다.

羔裘 ……………… 214

逍 거닐 소 遙 거닐 요 朝 조회 받을 조 思 생각할(근심할) 사 忉 근심할 도 翱 날 고 翔 날 상 膏 기름 고 曜 빛날 요 悼 슬퍼할 도

素冠 ……………… 215

棘 야윌 극 欒 파리할 란 慱 근심할 단 韠 슬갑 필 蘊 쌓일

온 結 맺힐 결 蘊結 가슴이 막혀 답답함

隰有萇楚 ………………… 216

萇 나무이름(양도) 장 猗 부드러울 아{의} 儺 유순할 나 夭 예쁠 요 沃 성할 옥 家 남편(집) 가 室 아내(방) 실

匪 風 ………………… 217

發 일어날 발 偈 빠를 걸{게} 怛 슬퍼할 달 飄 회오리바람 표 嘌 빠를 표 弔 상심할 조 亨 삶을 팽{형} 溉 씻을 개 釜 가마솥 부 鬵 큰 가마솥 심 懷 올 회

曹

주(周)나라 무왕(武王)은 은나라를 쳐부순 뒤 동생 숙진탁(叔振鐸)을 봉(封)한 곳이다. 지금의 산동성 하택현과 정도현 일대의 작은 나라다.

蜉 蝣 ………………… 220

蜉 하루살이 부 蝣 하루살이 유 楚 고울 초 於 발어사 어 翼 날개 익 采 무늬 채 掘 뚫을 궐{굴} 閱 볼 열 掘閱은 미상 ≪集傳≫

候 人 ……………… 221

候 기다릴(시중들) 후　候人 빈객을 맞고 보내는 벼슬아치　何 멜하　祋 몽치 대　芾 슬갑 필　鵜 사다새 제[펠리컨]　濡 젖을 유　稱 맞을 칭　咮 부리 주　遂는 稱과 같음 ≪集傳≫　媾 괼 구[총애함]　薈 우거질 회 위　蔚 성할 위{풀이름 울}　隮 무지개 제　婉 아름다울 완　孌 예쁠 련　季 말째(끝) 계

鳲 鳩 ……………… 222

鳲 뻐꾸기 시　鳩 비둘기 구　鳲鳩 뻐꾸기　帶 띠 대　伊 어조사 이　騏 검푸른 말 기　忒 어그러질 특

下 泉 ……………… 224

冽 찰 렬　浸 적실 침　苞 더부룩이날 포　稂 가라지 랑{낭}[강아지풀]　愾 한숨 희{개}　嘆 한숨 쉴 탄　蕭 쑥 소　蓍 시초풀 시　師 벼슬아치 사　芃 우거질 봉　苗 모(싹) 묘　陰 흐릴 음　膏 기름지게할 고[적셔 윤택하게 함]　郇 순나라 순　勞 위로할 로

豳

빈(豳)은 주남(周南)에서 살펴본 바와 같이 기(棄)의 후손인 공류(公劉)가 도읍을 정한 곳으로 기산의 북쪽 지금의 섬서성 순읍 부근이라고 한다. 빈 땅은 고공단보(古公亶父) 곧 문왕(文王)의 할아버지 태왕(太王)이 기산의 남쪽 주(周) 지금의 섬서성 봉산부 기산현으로

옮겨가기 전까지 10대에 걸쳐 주(周)나라로 발전하는데 발판이 된 곳이다.

七 月 ·················· 226

授 줄 수 授衣 음력 구월의 이칭 一之日 1년 12개월을 주역의 괘에 맞춘 것으로 양효(-) 하나가 처음 생긴 달 즉 동짓달 觱 쌀쌀할 필 栗 추울 률 褐 털옷 갈 于 할 우 耜 보습 사 趾 발지 饁 들밥 엽 畯 건농관 준 陽 따뜻할 양 倉 곳집 창 庚 천간 경[일곱째] 倉庚 꾀꼬리 執 잡을 집 懿 아름다울 의 筐 광주리 광 遲 더딜지 蘩 쑥 번 祁 많을 기 殆 거의 태[아마] 萑 물억새 환 葦 갈대 위 條 가지칠 조 斨 도끼 장 猗 부드러울 의 鶪 왜가리 격 秀 팰 수 葽 애기풀 요 蜩 쓰르라미 조 穫 벨(거둘) 확 隕 떨어질 운 蘀 떨어질 탁 貉 오소리(담비) 학 {오랑캐 맥} 貍 너구리리 纘 이을 찬 豵 작은돼지 종 豣 큰돼지 견 螽 메뚜기 종 股 다리 고 莎 베짱이 사 宇 처마 우 蟋 귀뚜라미 실 蟀 귀뚜라미 솔 穹 막을 궁 窒 막을 질 熏 연기낄 훈 塞 막을 색 向 북창 향 墐 매흙질할 근 鬱 산앵도나무 울 薁 앵두(머루) 욱 葵 아욱 규 菽 콩 숙 剝 털 박 棗 대추나무 조 稻 벼 도 眉 눈썹 미 介 도울 개 斷 끊을 단 壺 박호 叔 주울 숙 苴 삼씨 저 荼 씀바귀 도 樗 가죽나무 저 築 다질 축 圃 밭(채소밭) 포 重 늦벼 중 穋 올벼 륙 索 꼴 삭 綯 새끼 도 亟 빠를 극 鑿 뚫을 착 冲 부딪칠 충 凌 얼음곳간 릉 蚤 아침 조 韭 부추 구 肅 찰 숙 滌 씻을 척 朋 쌍 붕 饗 잔치 향 躋 오를 제 稱 들 칭 兕 외뿔소 시 觥 술잔 굉 疆 끝 강

鴟 鴞 ………………… 230

鴟 올빼미(솔개) 치 鴞 올빼미(부엉이) 효 勤 은근할 근[정이 깊음] 鬻 어릴 국 閔 가엾게 여길 민 迨 미칠 태 徹 벗깃 철 土 뿌리 두{토} 綢 얽을 주 繆 얽을 무 牖 들창 유 侮 업신여길 모 拮 일할 길 据 일할 거 捋 뽑을 랄 荼 물억새이삭 도 蓄 쌓을 축 租 쌓을(구실) 조 卒 마침내 졸 瘏 병들(앓을) 도 譙 째질 초 翛 날개 찢어질 소 翹 발도움할 교 翹翹 위태로운 모양 漂 나부낄(떠돌) 표 搖 흔들릴 요 嘵 두려워할 효

東 山 ………………… 231

徂 갈 조 慆 오랠 도 零 비올 령 濛 가랑비 올 몽 士 일 사 枚 하무(줄기) 매[입에 물리는 나무막대] 蜎 꿈틀거릴 연 蠋 뽕나무벌레 촉 烝 발어사(찔) 증 敦 혼자 잘 퇴 蠃 풀열매 라 果蠃 하눌타리 施 뻗을 이{베풀 시} 伊威 쥐며느리 ≪集傳≫ 蠨 갈거미 소 蛸 갈거미 소 町 밭두둑 정 畽 마당 탄{톤} 熠 빛날 습[반딧불 반짝거림] 燿 빛날 요 鸛 황새 관 垤 개밋둑 질 洒 뿌릴 쇄 掃 쓸 소 穹 막을 궁 窒 막을 질 律 마침내 율 敦 외 주렁주렁 달릴 퇴 今 발어사(이제) 금 于今 지금까지 熠燿 고운모양 皇 훌륭할(임금) 황 駁 얼룩말 박 縭 향주머니 리 嘉 아름다울 가 舊 오랠(예) 구[세월이 많이 경과됨]

破 斧 ………………… 233

破 깨질 파 斧 도끼 부(큰 도끼) 缺 이지러질 결 斨 도끼 장[작은 도끼] 皇 바로잡을 황 哀 민망히 여길(슬플) 애[딱하게 여김]

將 클 장　錡 끌 의{솥 기}　吪 움직일 와[변화함]　銶 끌 구　遒 굳을 주[견고 함]　休 좋을 휴[훌륭함]

伐 柯 ·················· 234

柯 도끼자루 가　則 본받을 칙　籩 제기 변[대나무로 만든 그릇]　豆 제기 두[나무로 만든 그릇]　踐 차려놓을(밟을) 천

九 罭 ·················· 235

罭 그물 역　鱒 송어 준　衮 곤룡포 곤　遵 좇을 준　渚 물가 저　信 이틀 밤 잘(믿을) 신　陸 뭍 륙

狼 跋 ·················· 236

狼 이리 랑　狼 밟을 발　胡 턱 밑살 호　疐 엎드러질 치　舃 신 석　几 진중할(안석) 궤　膚 아름다울(살갗) 부　瑕 흠(티) 하

시 경

인쇄 2012년 5월 25일
발행 2012년 6월 5일
엮은이 / 김 봉 윤
펴낸이 / 김 창 석
펴낸 곳 / 홍익출판사
주소 / 대구시 중구 삼덕3가 245-2
전화 / 053) 421-6700, 427-3627
팩스 / 053) 423-5965
등록번호 / 1987년 11월 26일 제1-107호
E-mail / hongick88@hanmail.net

정가 / 15,000원

ISBN 978-89-7826-238-5 03820